Horst Huhn

ENDE DER SPASSGESELLSCHAFT

Horst Huhn

ENDE DER SPASSGESELLSCHAFT

Zeitenwende ohne Basis

edition fischer
im
R. G. Fischer Verlag

Die Deutsche Bibliothek – CIP-Einheitsaufnahme
Ein Titeldatensatz für diese Publikation ist bei
Der Deutschen Bibliothek erhältlich

Orber Str. 30, D-60386 Frankfurt/Main

Schriftart: Palatino 11°
Herstellung: Satz*Atelier* Cavlar / NL
Printed in Germany
ISBN 3-8301-0365-4

Gewidmet den hart geprüften
und dann verschmähten
Vätern und Müttern der Vorgeneration

Die Wende in der Weltgeschichte

Das neue Jahrhundert, gerade mal neun Monate alt, lässt uns mit einem grausamen Donnerschlag erschrecken. Der 11. September kann zu einem Jahrzehnte dauernden Konflikt der Start sein. Wir, die Deutschen, haben das 20ste Jahrhundert, mit all seinen Konsequenzen bis heute nicht verarbeitet und stehen schon wieder in einem grossen Spannungsfeld.

Der Terroranschlag von New York ist ein Angriff auf die westliche Welt – mit dem Mittelpunkt USA. Der Kampf gegen die Terroristen ist ein Teil der nun anstehenden Aufgaben. Die Tatsache aber, dass die Terroristen den Islam als Identitätsfaktor nominiert haben, gibt der Auseinandersetzung eine globale Dimension. 500 Millionen Moslems im Orient, Nordafrika bis Indonesien sind eine vakante Masse, anfällig für alles, was ihre Minderwertigkeitskomplexe kompensiert. Die streitbaren Mullahs werden alles daran setzen, um ihre Positionen zu verteidigen und Gläubige zu rekrutieren.

Es ist ein anderer »Krieg«. Es werden keine Armeen aufeinandertreffen, es wird keine Materialschlachten geben, der Feind sitzt womöglich im Flugzeug nebenan, oder im Café, oder auch im Kino. Es ist ein »Krieg« aus dem Hinterhalt, vergleichbar mit dem Partisanenkrieg der Vergangenheit. Es gibt kein Kriegspotenzial, das zu zerstören ist, es gibt keine Flotten in der Luft oder im Wasser, die zu vernichten sind. Es gibt ein Heer fanatischer Kämpfer, die schwer auszuschalten sind. Gegen Überzeugungen und Glaubensbekenntnisse sind Bomben und Granaten schlechte Waffen.

Die wahren Gründe, die zu der jetzigen Situation geführt haben, gehen weit zurück, bis zum Fehlverhalten der einstigen Kolonialmächte! Die enormen Differenzen in der Lebenshaltung, in den Ansichten über Moral und Ethik, im Bildungsniveau der Massen und wirtschaftlich im Bruttosozialprodukt sind unüberbrückbare Abgründe. Es wird eine lange andauernde Auseinandersetzung werden, und die Aufgabe der Politik wird es sein, aus dem Kampf gegen die Terroristen keinen Krieg der Kulturen werden zu lassen.

Viele unserer deutschen Landsleute stehen der Situation ganz »cool« gegenüber: Was geht es uns an, das Geschehen ist weit weg. Ein gefährlicher Irrtum! Die Bevölkerung wird einiges an Opfern und Beschränkungen hinnehmen müssen. Neben der Angst um Leib und Leben werden wirtschaftliche Verwerfungen stattfinden, die uns Einschränkungen abverlangen. Situationen, die für die Jahrgänge nach 1950 Neuland sind.

Es stellt sich die Frage: **Ist unsere Gesellschaft in der Lage, mit den Problemen fertig zu werden? Auf jeden Fall dürfte es das Ende der Spassgesellschaft sein!** Wir müssen uns wappnen für die Zukunft und uns kritisch mit dem Gestern – Heute – und Morgen auseinandersetzen, müssen unsere Position in Europa und der Welt neu definieren und Stellung beziehen.

Die westliche Welt, vor allem die USA, müssen einsehen, dass es Völker und Kulturen gibt, für die der Wert des Geldes nicht der einzige Massstab im Leben darstellt. Werden diese Völkerschaften mit Hilfe des Kapitals gekauft, unterdrückt und ausgenutzt, so werden sie dagegen rebellieren, natürlich mit den Mitteln, die ihnen zur Verfügung stehen.

Für die Kriegsführung in Afghanistan wurden, praktisch über Nacht, 40 Milliarden Dollar bewilligt. Mit 10 Milliarden – zur rechten Zeit, für Schulen und Bildungseinrichtungen aufgewandt – hätte man mehr und Nachhaltigeres erreichen können. Hier ist die Verantwortung der Besitzenden gefordert.

Oder will man die Unwissenheit fördern, um mit der tumben Masse leichtes Spiel zu haben? Damit ist keine friedliche Welt zu schaffen!

Vorwort

Für die Jahrgänge nach 1945 wird eine neue Zeit anbrechen, sie werden Situationen gegenüberstehen, die ihr die Wohlstandsgesellschaft erspart hat. Dabei ist das alles nicht neu. Man hat ihr nur vorenthalten, wie die Vorgeneration gelebt, gekämpft und gelitten hat, wie aus dem Erleben sich die Geschichte entwickelt hat. Darum zunächst ein Rückblick.

Probleme von heute dokumentieren die Fehler von gestern, und das Geschehen von gestern basiert auf den Irrtümern von vorgestern, und den Ablauf nennen wir Geschichte.

Die Kausalität der Ereignisse ist die Logik der Historie! Das 20te Jahrhundert ist ein Muster dieser Kontinuität, leider ein tragisches.

Der erste Weltkrieg entwickelte sich aus dem Wettbewerb des nationalstaatlichen Denkens der Zeit. Die Fehlentscheidung am Ende (Versailles) legte den Grundstein für die Fortsetzung im zweiten Weltkrieg.

Die Erscheinungen des Nationalsozialismus und des Kommunismus waren die Folgen der jahrzehntelangen Ausbeutung der Arbeiterklasse und eine Antwort an den selbstherrlichen Kapitalismus.

Die Fehler von gestern erkennen und sich dazu bekennen, heisst Vorsorge zu treffen für die Zukunft, damit sich nichts wiederholt. Dazu muss sich die Geschichtsschreibung objektivieren, die Historiker müssen sich von den Auflagen der »Political Correctness« befreien

Der Weg zu einem Europa von morgen ist der Weg zu einer Gemeinschaft, die allen gleiche Rechte und Pflichten auferlegt, in der es keine Herren- und keine auserwählten Völker gibt, in der jede Minderheit ihren Platz findet. Dabei sollte die Identität der Nationen zu ihrem Heimatland gewahrt werden, denn darauf hat jedes Volk ein Recht, auch die Deutschen.

Wir, die Deutschen, müssen unsererseits einiges dazu beitragen. Wir müssen zu einem gesunden Selbstbewusstsein zurückfinden, wir müssen alte Tugenden wiederbeleben, um im globalen Wettbewerb bestehen zu können. Aus der 40 zu 60 Gesellschaft, in der 40 % aktiv Leistung bringen und 60 % mitschwimmen oder nur »nassauern«, müssen leistungswillige Bürger werden.

Die Politiker müssen ideologische Fesseln abstreifen, müssen das soziale Netz denen vorbehalten, die es bitter nötig haben. Wir müssen eine Bildungsreform starten, die im Elternhaus beginnt, sich über die Schule, die Universität und den Beruf fortsetzt und zu einer echten Leistungsgesellschaft führt, in der Arbeit mehr ist als nur ein »Job«.

Wir müssen erkennen, dass die Solidarität der Ausgangspunkt jeden Erfolges ist. Schaut jeder nur auf sein Ego, zerfällt die Gesellschaft. Dieser Wohlstandsstaat mit seinem ausufernden Anspruchsdenken wird so nicht weiterbestehen können.

Gestern

Ein Jahrhundert mit einer grausamen ersten Hälfte und einer wirtschaftlich prosperierenden zweiten Hälfte liegt hinter uns. Zugleich beginnt ein neues Jahrtausend. Rein kalendarische Daten ohne Aussagekraft.

Parallel dazu durchlaufen wir eine revolutionäre Lebenswende. Alles, was gestern richtig und normal war, ist heute in Frage gestellt. Kulturelle Werte, von Generationen entwickelt und aufgebaut, verlieren ihre Geltung. Dinge, die noch vor einem Jahrzehnt degoutant waren, sind heute »in«. Im praktischen wie im gesellschaftlichen Leben sind die Brüche revolutionierend. Unter den Nationalsozialisten wurde die Jugend einseitig informiert, manipuliert und missbraucht.

Heute unterwirft sich die »freie Presse« der Political Correctness, weil das Geschäft es verlangt. Hier wie in der Schule beginnt die neue deutsche Geschichte 1933. Doch das waren die Auswirkungen, die Ursachen finden keine Erwähnung. So verurteilt die Jugend die Vorgeneration, weil ihr das Wissen um die Dinge vorenthalten wird. Gleichzeitig wurden fast alle, die als Vorbilder hätten dienen können, aus dem Bewusstsein eliminiert.

So stehen wir geschwächt und ungerüstet der gravierenden Zeitenwende gegenüber. Die Vorgeneration hat ihre Probleme nur verkraften können, indem sie sich in einer Solidargemeinschaft von Volk, Staat und Kirche wiederfand. Gemeinsame Not verband und schaffte eine Identität.

In der Zeit der Not entstanden die traditionellen Werte wie Disziplin, Respekt, Treue, Mut, Hilfsbereitschaft und Verlässlichkeit und bildeten den herrschenden Zeitgeist.

Es ist notwendig, über die Vergangenheit zu sprechen, über ein Leben ohne Auto, Fernseher, Waschmaschine, Mikrowelle und so weiter., über Notzeiten, die die wahren Werte des Lebens forderten, wo der »Spass« die Ausnahme war. Die Vergangenheit ist nicht tot, sie lebt mit uns, ob wir wollen oder nicht.

Es ist wichtig, in einer egozentrisch geformten Individual-Gesellschaft, in der das Gewinnstreben vor allem anderen steht, daran zu erinnern, was war, wie es war und dass Geld nicht alles ist!

Das technische Jahrhundert

In der Geschichte der Menschheit, seit ihrer Aufzeichnung, hat es keine vergleichbare Zeit gegeben, die so eine technische Revolution durchlaufen hätte wie die im 20sten Jahrhundert.

Die Erfindungen und Entwicklungen des 19ten Jahrhunderts veränderten das Leben entscheidend. Faradays Entdeckung der elektromagnetischen Induktion (1830), Werner von Siemens Entwicklung des Elektromotors (1856), Edisons Kohlenfaserlampe (1879) oder die ersten Konstruktionen eines Verbrennungsmotors durch Otto (1876) und Diesel (1896), die ersten Automobile durch Daimler/Benz (1885/86), sind einige der epochalen Erfindungen der Zeit. Damit war die Basis zu einer technischen Explosion gegeben wie nie zuvor.

Die Gesellschaft veränderte sich. Die Landbevölkerung, die bei den begrenzten Einkommensverhältnissen darbte, zog es in die Stadt. Fabriken entstanden , die Industrialisierung setzte ein. Die Städte wuchsen schnell, ein Proletariat entstand. Die Landwirtschaft, bis dahin Zentrum der Ökonomie, verlor zusehends an Bedeutung. Leistete der Agrarbereich 1900 noch über 70 % des Brutto-Sozialprodukts, so sank der Anteil zum Ende des Jahrhunderts auf 3 %.

Wie bei einer Lawine, wo die ersten Abbrüche alles weitere mit sich reissen, entwickelte sich die Technik in einer zuvor undenkbaren Form. 1891 machte Otto Lilienthal seine ersten Hüpfer mit einem Flugobjekt. Schon 1903 erhob sich das erste Motorflugzeug der Gebrüder Wright in den Himmel. Junkers baute 1914 das erste Metallflugzeug. Die Motorisierung erfasste den Verkehr. 1905 fuhr der erste motorgetriebene Omnibus durch Berlin.1900 wurden 2 312 Autos gebaut. Schon 1926 waren es 22 000. 1998 betrug die Produktion 5,34 Mio. Einheiten

Um die Jahrhundertwende benötigte man 10–11 Tage, um von Europa nach Amerika zu gelangen, 1952 waren es 3,5 Tage und 1966 benötige eine Concord ganze 4 Stunden um von Paris nach New York zu kommen.

Der erste Weltkrieg beschleunigte die Entwicklung. Wenn es um die Fortentwicklung von Waffen geht, sind die nötigen Mittel immer vorhanden. Welche paradiesischen Zustände, wenn dieses auch für friedliche Zwecke zuträfe!

Einen motorgetriebenen Wagen mit Kettenantrieb zu versehen, war die nächste Entwicklung. Der Panzerwagen war geboren. Die ersten Motorflugzeuge, ein Gerippe mit Leinwand bespannt, wurden eingesetzt. Die ersten Piloten machten Furore, es sei nur an den »roten Baron«, Manfred von Richthofen, erinnert. Die »Bomben«, die sie abwarfen, waren Handgranaten, die aus den offenen Maschinen geworfen wurden.

Das war 1916/17. Es dauerte keine 30 Jahre, da wurden diese Apparate von Düsenjägern abgelöst, die 900 km/h schnell waren. Verkehrsflugzeuge mit hunderten von Passagieren gehören zum Alltag. Leider auch Maschinen, die tonnenschwere Bombenlast tragen können.

All diese Errungenschaften sind heute selbstverständlich und werden vom Verbraucher hingenommen und genutzt. Es lohnt sich jedoch darüber nachzudenken, dass die Menschheit 3 500 Jahre, seit Ikarus, vom Fliegen geträumt hat. Noch deutlicher wird der Wandel, wenn man an die Landwirtschaft denkt. Jahrtausende war das Pferd der Helfer der Menschen.

Es haben 20 Jahre nach dem Krieg genügt, um das Pferd vom Acker zu vertreiben. Der Verkehr hat sich revolutioniert. Lester C. Thurnau schreibt :«Nach tausend Jahren Mittelalter waren die Strassen der Römer immer noch die besten«, das heisst in 1 000 Jahren gab es keinen Fortschritt im Verkehr.

Heute durchziehen 4- oder 6-spurige Autobahnen unser Land, und der Zeitbürger schimpft,wenn er im Stau steht.

Diese Veränderungen haben sich im laufe eines Menschenleben vollzogen, ein Wimpernschlag in der Evolutionsgeschichte. Speziell die Motorisierung hat das Leben total verändert. Wohnte und arbeitete man früher in der Stadt, so lebt man heute vor der Stadt und fährt täglich mit dem Auto ins Büro, oder umgekehrt. Die Familien sind auseinandergerissen. Der Heimatort, in dem die Eltern wohnen, die Schule steht, die ersten Freunde zu Hause sind, wird nur noch sporadisch besucht. Die Arbeitsstelle liegt einige 100 km vom Elternhaus entfernt. Ein Haus, unter dessen Dach noch zwei oder drei Generationen leben, ist eine Rarität. Die Mobilität hat alles erfasst.

Die Technik erleichtert uns das Dasein, sie müsste uns eigentlich viel Zeit schenken. Doch wie sieht die Wirklichkeit aus? Die Menschen waren noch nie so im Stress, so gehetzt wie heute.

Hier klafft eine Lücke! Auf der einen Seite eine rasante technische Entwicklung, auf der anderen Seite eine schweigende Wissenschaft. Wo bleibt die Philosophie, die Soziologie oder die Theologie, um dieser veränderten Welt neue Inhalte zu geben?

Die Gesellschaft hat sich der jeweiligen Situation angepasst. Gab es zu Beginn dieses 20sten Jahrhunderts Probleme in der Anpassung an die neue Arbeitswelt, so hat sich das in den 30er und späteren Jahren eingespielt. Der Mensch nutzte die Technik als Arbeitgeber, es fand eine Art Symbiose statt. Der Höhepunkt dieser Entwicklung war bei uns Ende der 60er, Anfang der 70er Jahre und drückte sich in der Vollbeschäftigung aus.

Mit dem Aufkommen des Computers veränderte sich das Verhältnis Mensch/Technik. Die Technik verselbstständigte sich, der Mensch wurde nicht mehr in dem Masse gebraucht, die Automatisierung machte ihn vielerorts entbehrlich. Die Technik wurde zum Konkurrenten des Menschen, in mancher Hinsicht ihr Feind. Jeder standardisierte Handgriff wurde vom Automaten billiger und oft auch zuverlässiger ausgeführt.

Ergebnis: Vier Millionen Arbeitslose. Vier Millionen Arbeitsplätze, die nie wiederkommen werden. Die Politiker wagen es nicht, diese Tatsache deutlich auszusprechen, die Wahrheit könnte Stimmen kosten!

Am Ende dieses Jahrhunderts können wir feststellen: Die Technik hat unser Leben grundsätzlich verändert und uns sehr viel Neues gebracht, aber der Preis dafür ist hoch. Es wird mindestens ein Jahrzehnt vergehen, ehe Mensch und Technik wieder im Gleichgewicht sind.

Dabei stehen neue Visionen der Futurologen noch vor uns. Die Zeit, in der sich die Technik verselbstständigt und den Menschen beherrscht. Der denkende Computer. Eine erschreckende Vorstellung, eine Welt ohne Emotionen, denn die wird man einem Computer nicht beibringen können. Eine Welt ohne Gefühle hat nichts Menschliches mehr an sich.

Das grausame Jahrhundert

Anfang des 19ten Jahrhunderts hat Clausewitz den Satz: »Krieg ist die Fortsetzung der Politik mit anderen Mitteln« geprägt.

Eine Aussage, die in die Zeit des Imperialismus und der Nationalstaaten, meist unter monarchischer Herrschaft, angebracht war.

Es gab im 19ten Jahrhundert 33 Kriege mit Beteiligung der europäischen Grossmächte.

Es führten davon England 9,
Frankreich 8,
Russland 7,
Österreich 5,
Preussen/Deutschland 4.

Eine Statistik, die die Behauptung über die kriegslüsternen Deutschen widerlegt.

Alle diese Auseinandersetzungen waren relativ kurz. War das Kriegsziel erreicht, schwiegen die Waffen.

So war der Preussisch-Dänische Waffengang um Schleswig-Holstein mit dem Gefecht auf den Düppeler Schanzen ausgestanden. Der Krieg mit Österreich um die Vormacht der Herrscher-Häuser war mit dem Sieg bei Königgrätz beendet. Bismarck verzichtete bewusst auf einen Einmarsch preussischer Truppen in Kopenhagen oder in Wien. Auch die Forderung, man solle Napoleon III nach 1970/71 drakonisch bestrafen, lehnte er mit dem Hinweis »das gehört nicht zu meiner Politik« ab. In den Auseinandersetzungen mit den Dänen sowie mit den Franzosen ging es unter anderem um Ländereien, im ersten Fall um Schleswig-Holstein, im zweiten um Elsass-Lothringen. In keinem Fall hat es während oder nach dem Krieg eine sog. »Ethnische Säuberung« gegeben. Weder haben die Deutschen die Franzosen noch – späterhin – die Franzosen die Deutschen aus dem Elsass verjagt, das gehörte nicht in das Politik-Verständnis des 19ten Jahrhunderts und vertrug sich nicht mit der humanen Geisteswelt der Zeit.

Anders das 20ste Jahrhundert. Eine Chronologie des Schreckens:

1900	Krieg Englands gegen die Buren. Erfindung des Konzentrationslagers. Der erste »totale Krieg«, der die Bevölkerung mit einbezog.
1912	Russisch-Japanischer Krieg.
1913	Serbisches Massaker an Albanern.
1908 015	Massaker der Türken an den Armeniern. 700 000 – vorwiegend die Intelligenz – wurden umgebracht, das heisst zweidrittel der Bevölkerung.
1914–18	Erster Weltkrieg. 11 Mio. Tote, zumeist Soldaten. 2 Mio. Deutsche wurden aus Westpreussen und Oberschlesien ausgesiedelt.
1919	Krieg England – Irland Krieg Polen – Russland.

Krieg Griechenland – Türkei. 1,7 Mio. Griechen werden aus Kleinasien gegen 400 000 Türken umgesiedelt.

1917 Russische Oktoberrevolution. Mit dem Zarenmord begann das Morden an einer ganzen Bevölkerung. Als erstes waren es die Kulaken, die exekutiert, deportiert und enteignet wurden. Es folgten die verschiedenen Völkerschaften, die in Westrussland beheimatet waren. Sie wurden nach Sibirien, Kasachstan und andere Ostgebiete verbannt. Zum Beispiel wurde jeder zehnte Litauer deportiert. In den Jahren bis zum zweiten Weltkrieg zahlten über 15 Mio. Menschen mit ihrem Leben für die neue Ideologie. Insgesamt kostete die Revolution bis 1945 (ohne Kriegstote) 22 Mio. Menschen. In den Lagern des Gulag mussten bis zu 6,5 Mio. für die »Errungenschaften« der Sowjetunion schuften. Eine »Revolution«, für die es in der Geschichte keine Parallele gibt. Es war die Stalin-Ära.

1936 Spanischer Bürgerkrieg. 200 000 Soldaten und 100 000 Zivilisten waren die Opfer. Man spricht heute noch über Guernica, aber niemand stellt die Frage: Wie wäre die europäische Geschichte verlaufen, wenn Spanien kommunistisch geworden wäre?

1939–45 Zweiter Weltkrieg. Insgesamt 55 Mio. Tote. Darunter viele Frauen und Kinder. 18 Mio. vertriebene Deutsche aus den Ostgebieten. 2 Mio. haben diesen Exodus nicht überlebt. In Polen wurde die Bevölkerung vom Osten in den Westen umgesiedelt.

1967 Krieg im Nahen Osten. Über 3 Mio. Palästinenser wurden vertrieben und leben in mehreren Staaten des Nahen Ostens, auch nach 50 Jahren noch als Flüchtlinge.

1997/99 Auseinandersetzungen zwischen Serben, Kroaten, Bosniern und Albanern. Wieder ein Versuch »ethnischer Säuberung« mit hunderttausenden von Flüchtlingen.

Diese Liste ist bei weitem nicht vollständig. Es sind nur jene Kriege, Deportationen und dergl. erwähnt, die unser Leben in Europa tangieren. Maos Marsch zum revolutionären China hat 60 Mio. Menschen das Leben gekostet. Pol Pot schaffte es, in dem kleinen Kambodscha immerhin auf 2 Mio. zu kommen, die Hälfte seiner Bevölkerung. Die Guerilla-Kriege in Südamerika und Afrika sind in ihren Opfern nicht zu erfassen. Interessant ist die Feststellung, wie schwer es ist, Kriegsopfer zu zählen. Die Geschichtswerke schweigen sich darüber meist aus, ist wohl nicht so wichtig!

Die grossen Kriege, wie Korea-, Vietnam- und Golf-Krieg seien nur der Vollständigkeithalber erwähnt.

Addiert man die Opferzahlen der zumeist ideologisch begründeten Auseinandersetzungen, so kommt man auf die stolze Zahl von über **200 Millionen** Toten. Diese Zahl entspricht 90 % der Bevölkerung Amerikas. Eine grausame Zahl! Wenn man sich vorstellt, wieviel Elend, Not und Verzweiflung hinter den nüchternen Zahlen stehen, muss man am Geisteszustand der Menschheit die grössten

Zweifel hegen! Das Volk lässt sich manipulieren und zahlt für die Machtspiele der »Grossen«. Krieg wird nicht von Völkern gemacht, immer sind es einzelne Usurpatoren.

Die jüngste Geschichte zeigt uns ein Beispiel. Da lebt Jugoslawien 40 Jahre ohne Aufruhr friedlich miteinander. Serben heiraten Kroaten, Bosnierinnen Serben u. a., sie haben gemeinsame Kinder und die wirtschaftliche Situation ist zufriedenstellend. Leider nur so lange, bis ein Wahnsinniger kommt und auf dem Standpunkt steht, dass die Serben die besseren Menschen seien und über die anderen die Herrschaft ausüben müssen.

Ehen gehen in die Brüche, die Liebe ist vorbei oder hat vorbei zu sein, und die Kinder werden über Nacht zu »Halbwaisen«. Wo bleibt der Mensch mit seinem Verstand?

Dieses Jahrhundert ist ein einziges Menetekel für die Menschheit und ohne Beispiel in der Geschichte.

Ob Gulag oder Holocaust, ob Dresden oder Hirochima oder..oder, alle diese Ereignisse für sich sind Schandmale im Sinne dessen, was wir Humanität nennen. Jedes für sich und alle zusammen sind Verbrechen an der Menschheit.

Das Fazit für die Deutschen? Sie sind keine Engel (aber es gibt auch keine), sie sind nicht schlechter, aber auch nicht besser als alle anderen.

Es ist müssig, Schrecken zu quantifizieren und Aufrechnungen anzustellen, wenn einer mordet ist es zweitrangig, ob er einen, zehn oder hundert Menschen umgebracht hat. Er hat sich ausserhalb der menschlichen Gesellschaft gestellt.

Nur die Tatsache,wer Sieger und wer Verlierer ist, darf nicht der Massstab der Moral sein. Dass die Sieger die Helden und die Verlierer die Schurken sind, ist allzu einfach.

Eine Siegerjustiz ist nie eine gerechte Justiz. Sie schafft keinen Frieden, sondern nur Ressentiments.

Der Vergleich

Im 19ten Jahrhundert, als der Krieg auf dem Schlachtfeld entschieden wurde, war der Krieg ein Mittel der Politik. Obwohl Napoleon ganz Europa mit seinen Eroberungen überzogen und viele Staaten seiner Herrschaft unter geordnet hatte, war die Auseinandersetzung mit Waterloo beendet. Napoleon und seinen Generälen wurde kein Prozess gemacht, es fand kein Tribunal statt, das Frankreich in die »Verbannung« geführt hätte. Auf dem Wiener Kongress wurde ein Friede ausgehandelt, der Frankreich keinen Quadratmeter Boden abnahm und keine Demütigung beinhaltete. Fürst Metternich für Österreich, Castlereagh für England, Zar Alexander I und Nesselrode für Russland, Hardenberg und W. v. Humboldt für Preussen und Talleyrand für Frankreich waren Diplomaten, die politisch in die Zukunft dachten. Emotionen wie Hass oder Rache waren da unbekannt.

Im gleichen Geist reagierte Bismarck wie zuvor beschrieben. Als man Bismarck von der Verhaftung eines Widersachers Mitteilung machte, glaubte man, er sei darüber erfreut, aber er antwortete: »Ich freue mich darüber ganz und gar nicht. Der Parteimann mag das tun, weil seine Rachegefühle dadurch befriedigt werden. Der politische Mann kennt solche Gefühle nicht«. Ein Satz, der im 20sten Jahrhundert vergessen wurde.

Mit dem Niedergang der Monarchien kamen die

Republiken ins Spiel, und damit die Volksvertreter. Der Souverän war das Volk, die dritte Kraft.

Der Volksvertreter war Repräsentant einer Partei, die wiederum eine Ideologie vertrat, der er verpflichtet war. Um die nötigen Stimmen auf sich zu vereinen, musste man die Emotionen bemühen. Die Politik der Vernunft, die Politik des Pragmatischen war nicht gefragt. Wenn Hitler von einem Hass auf die Juden sprach und Churchill von einem Hass auf die Deutschen, so sind das Gefühle, die in der Politik fehl am Platze sind. Mit Hilfe der Medien – eine weitere Jahrhundertentwicklung – werden diese Emotionen ins Volk transferiert. Menschen wie Goebbels oder Lord Vansittart sind dann die Mittler. Die Aktivierung der niederen Instinkte – nur damit lässt sich die Masse gewinnen – steht dann im Vordergrund. Die Fanatiker – die Geissel der Menschheit – feiern ihre Triumphe!

Eine Politik, die auf einer Ideologie basiert, ist so hemmungslos und brutal, wie es zuvor die Religionskriege waren.

Das negativste politische Exempel dieses Jahrhunderts, der Versailler Vertrag, basier auf dieser emotionalen Basis. Hass, Rache und Vernichtungswille waren die Triebkräfte. Mit der fiktiven Behauptung der deutschen Alleinschuld am ersten Weltkrieg wurde der Weg frei für ein Diktat niederster Emotionen. Die Deutschen in ihrer Mehrzahl fühlten sich ungerecht bestraft, ein Empfinden, das die Forschung heute bestätigt. Der angesehene amerikanische Historiker Georg F. Kennan sagt dazu: »Von meinem Standpunkt als Historiker aus halte ich ihren Anteil (den der Deutschen) an der Verursachung des ersten Weltkriegs für ganz sicher nicht grösser, vielleicht sogar kleiner als denjenigen der Franzosen und der Russen«. Herr Kennan ist nicht der einzige Historiker, der diese Meinung vertritt. Leider sprechen Historiker erst im Greisenalter in dieser Weise. Der erste Weltkrieg war ein gewollter Krieg im Sinne der Nationalstaaten der Zeit. Es gab viele Beweggründe. Die Zahlen, die der Yale-Historiker Paul Kennedy über die Industrieproduktion um die Jahrhundertwende veröffentlichte, gehören auch dazu. Danach stieg die deutsche Stahlerzeugung von 1890 bis 1913 von 4,1 Millionen Tonnen auf 17,6 Millionen, die britische sank von 8 Millionen auf 7,7 Millionen. Der britische Anteil an der Weltindustrieproduktion sank von 1880 bis 1913 von 22,9 auf 13,6 Prozent, der deutsche stieg von 8,5 auf 14,8 Prozent.

So gesehen war der erste Weltkrieg eine Fortsetzung des wirtschaftlichen Wettbewerbs mit anderen Mitteln.

Ungerechte Entscheidungen in der Politik hinterlassen tiefe Gräben – Demütigungen werden nie verziehen. Die entwürdigende Behandlung, die man China zu Beginn dieses Jahrhunderts zuteil werden liess, lebt heute noch und war eine Basis für die Entwicklung Chinas in diesem Jahrhundert. Es ist hypothetisch zu behaupten, ohne Versailles wäre Hitler nicht gekommen, aber es ist realistisch zu sagen Versailles war ein Steigbügel für Hitler.

Wilson, Lloyd Georg, Clemenceau und Orlando waren nicht die grossen Staatsmänner,die weiter blickten als auf den momentanen Triumph. Welch ein verheerender Irrtum.Der zweite Weltkrieg war programmiert. Und der Ungeist lebte fort.

Wurden zuvor die Kriege auf dem Schlachtfeld entschieden, so wurde nun auch das letzte Kinderzimmer mit einbezogen. Nicht der Sieg war die Prämisse, sondern die Vernichtung das Ziel. Dresden ist das erschütternde Exempel.

Auch Hitler war nicht fähig zu einem kühlen Pragmatismus, das grösste Verbrechen am eigenen Volk, die Fortsetzung eines längst verlorenen Krieges, ist die tragische Bilanz.Das letzte Kriegsjahr forderte zweidrittel aller Opfer, von Sachwerten ganz zu schweigen.Auch die westlichen Alliierten waren verblendet. Wie konnten sie sich mit der Sowjetunion – mit Stalin – dem grössten Schlächter den Europa je hatte – liieren? In den Jahren 1917–39 waren bereits über 15 Millionen Menschen in der Sowjetunion erschossen oder erschlagen worden oder einfach in den Lagern verendet. Zahlen, die dem CIA bekannt sein mussten. Diesem Stalin lieferten Roosevelt und Churchill in Jalta halb Europa aus. Sie dachten im Sinne der Machtspiele des 19ten Jahrhunderts (Einkreisung Deutschlands), aber handelten emotional, gemäss dem Denken des 20sten Jahrhunderts.

Worin liegt nun der Unterschied ? Beim Wiener Kongress verhandelten erfahrene Diplomaten auf einem hohen Niveau. Blindwütiger Hass war ihnen fremd. Der Krieg war beendet, das Leben sollte für alle weitergehen. Dabei war Fairness die Voraussetzung. In Versailles dagegen sassen Volksvertreter am Tisch, die ihren Parteifreunden unbedingt den totalen Erfolg vermitteln wollten. Bei den nächsten Wahlen wollten sie ja wieder dabeisein! Eine Verhandlung mit dem geschlagenen Gegner wurde gar nicht in Erwägung gezogen. Abmachungen wie der Waffenstillstandsvertrag wurden einfach gebrochen. Amerika zu Ehren sei erwähnt, dass es den Versailles Vertrag nie ratifiziert hat.

Um den Unterschied nochmals zu kennzeichnen, sei gesagt, im 19ten Jahrhundert wurden die Minister ernannt. Wissen, Bildung und Integrität waren die entscheidenden Kriterien. Hof und Adel bestimmten den kulturellen Lebensstil. Korrektheit und Verantwortung wurden grossgeschrieben. Das Bürgertum eiferte dem Vorbild nach. Die gesellschaftlichen Zwänge waren gross und eng. Ein Fehlverhalten bedeutete das Aus in diesen Kreisen. Der Einfluss der Kirchen war gegeben, um Moral und Ethik zu verteidigen. Diese Denkweise schlug sich auch in der Politik nieder.

In dem Moment, als die »dritte Kraft«, das Volk der Souverän wurde, sah die Welt anders aus. Die Parteien übernahmen die Gestaltung und sie bestimmten die Minister. Mit guter Rhetorik ist hier der Weg für jeden Karrieristen bereitet. Nicht per Zufall waren die Unglücksbringer dieses Jahrhunderts, Stalin, Hitler, Mussolini, Mao Tse-tung, Pol Pot bis zu Milosevic, allesamt »Aufsteiger«. Sie sind zu enormer Macht gekommen und allesamt an der Verantwortung gescheitert. Man sagt: Der Umgang mit Geld will gelernt sein, der mit der Macht erst recht.

Wenn Personen in ein Ministeramt kommen, deren Voraussetzungen in der Industrie allenfalls eine Position im Mittelmanagement abgeben würden, so sind es Fehlbesetzungen. Nur weil Partei x auf grund der Koalition zwei oder drei Ministerien beansprucht, dazu eine besondere Quote bestimmt, dass eine Frau dabeizusein hat, dann stimmen die Kriterien nicht. Beispiele, dass Ministerinnen oder Minister mit ihren Aufgaben überfordert waren, gibt es inzwischen genug. Den Schaden solcher Fehlbesetzungen erleidet immer der Bürger. Man sagt: Politik sei ein dreckiges Geschäft, doch das ist eine Frage der Politiker. Politik ist für das Leben aller Bürger immens wichtig, und darum sollten politische Posten mit den besten Männern oder Frauen, unabhängig von Parteien besetzt werden. Ein unabhängiger Fachmann oder Fachfrau ist immer einem ideologisch verbogenen Parteimann oder –frau vorzuziehen.

Leider gebiert die Wohlstandsgesellschaft, die sich im Hedonismus auslebt, keine Persönlichkeiten, ein allseits spürbares Defizit. Aufsteigern und Karrieristen fehlt es zumeist an den charakterlichen Basiswerten.

Es ist möglich, in einer Generation ein grosses Wissen zu erwerben, das zu bedeutenden wissenschaftlichen Erkenntnissen führt, es ist möglich, in einem Leben einen sozialen Aufstieg zu riesigem Vermögen zu schaffen, es ist möglich, als politischer (Ver-)Führer eine eindrucksvolle Macht aufzubauen; aber es ist selten möglich, ein geistig-kulturelles Niveau zu entwickeln, das die Basis für Moral und Ethik, für die Integrität einer Persönlichkeit darstellt. Hier ist eine gewachsene Tradition die Grundlage. Forderungen, die ein Politiker erfüllen müsste.

Dieser Satz wird viele Kritiker finden, doch die Praxis bestätigt die Richtigkeit.

Die Bilanz des Mordens

Legt man die Statistik zugrunde, so lässt sich der Vorwurf, die Deutschen seien so kriegslüstern, klar widerlegen. Hinzu kommt, dass ein Land in der Mitte, mit zehn direkten Nachbarn, einer anderen, weit kritischeren Ausgangsbasis unterliegt als ein Insel- oder Randstaat mit wenigen Nachbarn.

Wer waren letztlich die Gewinner, wer die Verlierer der grossen Kriege?

Deutschland war der nominelle Verlierer, gab es auch Gewinner?

Für Grossbritannien war der erste Weltkrieg der Anfang, der zweite das Ende des Empire. Von einem Weltreich, in dem die Sonne wirklich nicht unterging, ist eine bescheidene Insel von 242 606 qkm übriggeblieben. Mit dem Bruch des Vertrages von 1883/84 – keine Kolonialtruppen in einem europäischen Krieg einzusetzen – endete die Vormachtstellung des Europäers in den Dominion und den Kolonialgebieten.

Nicht viel anders ist es Frankreich ergangen, das einstige Kolonialreich existiert nicht mehr.

Nur Russland hat seine Westgrenze erheblich nach Mitteleuropa vorgeschoben, doch die Anstrengungen und Blutopfer haben die UdSSR nicht überleben lassen.Kein europäischer Staat kann sich als Nutzniesser sehen.

Der einzige Gewinner ist Amerika. Die Kriege haben die Wirtschaft beflügelt.

Die Manager der Rüstungsindustrie wurden Millionäre, und die Arbeitslosigkeit zeigte Tiefstände an. Weitab vom grausigen Kriegsgeschehen boomte die »Neue Welt«.

Während Europa sich zerfleischte, entwickelte sich Amerika zur Weltmacht »Number one«!

Die Annahme, mit Krieg wie im 19ten Jahrhundert liessen sich Vorteile und Gewinne erzielen, gehört zu den grössten Irrtümern des 20sten Jahrhunderts. Ein Blutzoll von 55 Millionen Toten, dazu ein zerstörtes Mitteleuropa ergeben eine vernichtende Bilanz.

Verloren hat Europa insgesamt. Europäische Traditionen, europäischer Geist und europäische Kultur wurden ins Abseits gedrängt zugunsten des merkantil betonten »American way of life«.

Die amerikanische Denkungsart, dass Geld alles ist, hat die Völker Europas infiziert. Doch Vorsicht! Die amerikanische Form des Kapitalismus, der auf soziale Verantwortung verzichtet, geht in Europa nur so lange gut, wie es gelingt, die Massen zu sättigen.Im Gegensatz zu Amerika sind die Volksgruppen in Europa zu homogen, um alles zu ertragen.

Der zweite Irrtum des Jahrhunderts war der Glaube zweier fanatischer Systeme, sie könnten den Kapitalismus besiegen. Der Kommunismus, ebenso wie der Nationalsozialismus wollten mit Macht und Brutalität die Herrschaft des Kapitals brechen. Das Ergebnis ist Geschichte.

Die Deutschen haben neben dem Blutzoll, den territorialen, den kulturellen und materiellen Verlusten, ihre Tradition verloren. Nach 50 Jahren wird es unerträglich spürbar.

Das, was die Mitte Europas einmal stark machte, was in der Welt bewundert, gefürchtet und gehasst wurde, hat keinen Stellenwert mehr: Die Disziplin!

Die Zäsur

Weltweit ist ein Abgleiten der Kultur zu beobachten. Stilfragen haben keine Bedeutung mehr. Wie oft in der Geschichte springt man von einem Extrem ins andere. Was früher zu eng war, in die Etikette eingezwängt wurde, ist heute einer falsch verstandenen Freiheit gewichen, die keine Tabus kennt. Diese Situation trifft uns Deutsche in besonderem Masse, hier holt uns unsere Geschichte ein.

Mit dem Jahr 1945, mit dem verlorenen Krieg geht eine Zäsur einher, die uns aller traditionellen Werte beraubt hat. Die bis dahin agierenden Generationen wurden über Nacht in Bausch und Bogen abgeschrieben. Im besten Sinne waren sie blöd,im schlechten Sinne kriminell. Sie hatten nichts zu sagen, das Recht hatte man ihnen abgesprochen. Und sie schwiegen aus vielerlei Gründen: Einige aus Scham, andere aus Verzweiflung, aus Enttäuschung oder einfach aus Erschöpfung. Der Dialog mit der Jugend unterblieb, der sogenannte Generationenprozess fand nicht statt. Die Jugend stürmte mit ihren Ideen ungebremst davon. Sie vertrieb »den Mief unter den Talaren von tausend Jahren«, sie bildete Kommunen und propagierte die freie Liebe, die antiautoritäre Erziehung und schlug vor, alle mit 60 Jahren zu eliminieren. Das Ende waren die 68er. Die Mehrzahl der Dinge hat sich inzwischen erledigt, geblieben sind die 68er in der Gestalt von Lehrern, Richtern und leider auch

Politiker, die heute vielerorts Kopfschmerzen verursachen. Das einzig Positive war der endgültige Bruch mit dem Obrigkeitsstaat.

Doch viel einschneidender war und ist die Aufgabe und der Verlust aller Traditionen.

Die Werte, die uns einst gross gemacht haben, sind ohne Bedeutung. Ein Vakuum, das fortwirkt.

Mit einer Überheblichkeit sondergleichen wurde die Vorgeneration moralisch geschlachtet. Mit dem Schicksal der Eltern und Grosseltern setzte sich niemand auseinander. Sie erlebten kein Wirtschaftswunder, im Gegenteil, sie mussten zeit ihres Daseins nur kämpfen!

Hatten sie sich nach dem ersten Weltkrieg unter schwierigsten Verhältnissen eine neue Existenz aufgebaut, so war 1923 mit der Inflation alles vergebens. Sie mussten immer wieder von neuem beginnen. Es dauerte nur wenige Jahre, da erlebten sie den nächsten Schicksalsschlag. Der »Schwarze Freitag« an der Wallstreet signalisierte den Einstieg in die Weltwirtschaftskrise. Die Vertreter der Weimarer Republik wurden mit den Schwierigkeiten nicht fertig. Das einzige Mittel, um den Staatsbankrott zu verhindern, bestand in der Kürzung der Beamtengehälter und dem Arbeitslosengeld.

Vor den Arbeitsämtern standen Schlangen von Unterstützungsempfängern, in 5er Reihen 80 bis100 m lang. Gezahlt wurden Pfennige. Hunger war das Gespenst der Zeit. Es gibt ein »Deutsches Brotmuseum«, dort hängen deutsche und internationale Plakate, die erschüttend über die Zeit Auskunft geben.

Nicht Schinken und auch kein Kaviar sind dort gefordert, nur der Schrei nach Brot, um satt zu werden. Diese Not muss man kennen, wenn man die Zeit verstehen will.

Es ist schwer, über Hunger zu sprechen, man kann ihn weder literarisch noch verbal vermitteln, man muss ihn erlebt haben. Hat man ihn erlebt, so weiss man, wozu der hungrige Mensch in der Lage ist – die Differenz zum Tier wird sehr gering.

Die über sechs Millionen Arbeitslose stellten rund 30 % der Arbeitsfähigen dar. Der Geld oder Vermögensverlust 1923 und die Notzeit 1928 – 33 überschatteten das Schicksal dieser Generation

Hinzu kommt die Demütigung aus dem Versailler Vertrag. Reparationszahlungen, eingeschränkte Produktivität und die Missachtung von allem, was sich »deutsch« nannte.

Keine Minderheit und erst recht kein grosses Volk nimmt auf Dauer die Demütigungen hin Das haben die Völker der ehemaligen Sowjetunion bewiesen, als Hitler sie der Missachtung preisgab und das beschäftigt uns auch heute auf dem Balkan, in Nordirland und an vielen Stellen dieser Welt.

Kommt in solcher Situation jemand daher und schafft innerhalb von 27 Monaten für über 3,5 Millionen Menschen Arbeitsplätze, macht die Menschen satt und ihre Not erträglich, gibt ihnen darüber hinaus noch Selbstbewusstsein, befreit sie von der Vorstellung, sie seien Menschen dritter Klasse, so hat er sie gewonnen.

(Januar 1933 = 5.435.919 – April 1935 = 1.960.042 Arbeitslose).

Hier liegt die Antwort auf die teutonische Treue bis zum Ende des Krieges. Das Volk hatte das Gefühl, geführt zu werden, und vertraute. Dass dieser Mensch in seinem

Machtstreben keine Grenze für seine Ideologie finden würde, ahnten nur wenige. Wie die Lemminge folgten sie ihm. Auch durch fünf Jahre Krieg.

Warum ist es so wichtig, darüber zu sprechen? Die Situation kann sich morgen wiederholen. Sind die Voraussetzungen gleich, so beginnt das Spiel von vorne.

Die Diskriminierung geht weiter. In keinem Kulturland gibt es eine derartige Missachtung der Opfer wie in Deutschland. Der Satz »gegen das Vergessen« sollte auch hier Anwendung finden. Der Vietnamkrieg war für die Amerikaner in keiner Weise ein Ruhmesblatt, trotzdem werden die Gefallenen nicht vergessen. Ihnen zu Ehren ist im Park von Washington eine grosse Gedenktafel mit allen 51 000 Namen installiert. In Deutschland weiss kein Abiturient zu sagen, wie viele Soldaten ihre Pflicht mit dem Leben bezahlt und wie viele Zivilisten im Bombenhagel und auf der Flucht dahingegangen sind. Um es einmal auszusprechen: Es waren 4 311 000 gefallener Soldaten und 3 350 000 Zivilisten, insgesamt 7.661 000.

Es ist realistisch, wenn man von 8 000 000 ausgeht, denn die Zahlen, die die deutschen Verluste betreffen, werden immer nach unten gerundet. Dresden ist hierfür das beste Beispiel. Die offizielle Zahl lautet 34 000, die inoffiziellen Schätzungen sprechen von 140 000 bis 300 000. Wenn man weiss, dass die Stadt vor dem Kriege schon 620 000 Einwohner beherbergte, zum Zeitpunkt ihrer Zerstörung vollgestopft war mit Flüchtlingen, und den Grad der Zerstörung dagegenhält, so liegen die Schätzungen eher im Bereich der Wahrscheinlichkeit.Wer zählt schon Aschehaufen?

Zurück zu denen, die ihre Pflicht im grauen Kleid taten.

Zu den Opfern sind noch 1,3 Mio. hinzuzurechnen, die in russischer Gefangenschaft krepiert sind (man entschuldige bitte den Ausdruck, er beschreibt mehr, als der Begriff »gestorben«sagt) und annähernd eine Million in alliierter Gefangenschaft. Sie alle taten im besten Sinne ihre Pflicht für ihre Heimat. Sie waren manipuliert und verführt und wurden mit »hehren Idealen« vollgestopft.

Während der Amtszeit von Altbundeskanzler Schmidt äusserte er sich, den jungen Hörern zugewandt: »Wer Rechte verlangt, muss auch Pflichten übernehmen«. Hier wäre die Frage angebracht gewesen: »Herr Bundeskanzler, wie können Sie Pflichterfüllung einfordern, wenn Sie es zulassen, dass die totale Pflichterfüllung Ihrer Generation so unter den Teppich gekehrt wird?« Wenn sie aus heutiger Sicht **objektiv** missbraucht wurden, so haben sie **subjektiv** ihr Bestes gegeben. Sie haben in ihrem aufgeheizten Idealismus Leistungen vollbracht, die in der Militärhistorie weltweit ihre Anerkennung finden.

Der Missbrauch ihres Einsatzes mindert nicht die Hochachtung vor ihrer subjektiven Leistung, er erhöht nur die Tragik ihres Opferganges!

Und es sei nochmals gesagt: 99 % von ihnen wussten nicht, wo Auschwitz, Treblinka oder die anderen Stätten lagen, geschweige denn, was dort vor sich ging. In alten Mythologien würden die Schwierigkeiten der Gegenwart mit dem Vergessen der Toten von gestern erklärt.

Daran ändert auch eine Wehrmachts-Ausstellung nichts. Die Dinge, die dort herausgestellt werden, sind nicht zu beschönigen, aber sie suggerieren: **»Das war die Wehrmacht«.**

Das ist eine Beleidigung für 18 Mio. ehemaliger Soldaten. Es waren wenige Promille vom Ganzen, die an solchen Einsätzen beteiligt waren. Zum anderen wird unterstellt, dass es einen sauberen Krieg gibt, nur die Deutschen haben ihn nicht geführt. Solche Behauptungen kann nur der Spross eines Millionärs, der selbst nie in einer vergleichbaren Situation gewesen ist, von sich geben. **Es gibt keinen »sauberen« Krieg, ganz gleich, wo und mit wem er auf dieser Welt stattfindet!** So haben die Amerikaner ihr No Gun Ri in Korea und ihr My Lai in Vietnam, die Franzosen ihren Algerienkrieg und die Engländer ihre Kolonialkriege. Der Krieg als Instrument des Bösen beinhaltet das Böse von vornherein. Der unsauberste Krieg ist der Partisanenkampf. Es ist ein Krieg aus dem Hinterhalt, für jede Armee der Welt ein Problem.Ein, bei all diesen Betrachtungen zu kurz kommender Aspekt ist der der Eskalation.Je länger ein Krieg andauert, desto brutaler werden seine Aktionen, eine Entwicklung, die auch weltweite Gültigkeit hat und leider psychologische Normalität darstellt.

Zu jeder Betrachtung dieser Zeit muss man sich das Grauen vor Augen führen, das täglich vonstatten ging. Die Durchschnittszahl an Opfern betrug im letzten Kriegsjahr **täglich 16.640 Tote**. In einem solchen Umfeld verliert sich jede »Normalität«.

Um eine Vorstellung zu vermitteln, bedenke man, dass bei dem grausamen Anschlag in New York am 11. September 3 800 Menschen das Leben verloren und einen neuen Krieg auslösten.

Man sollte 100 Ausstellungen veranstalten unter dem Motto: »Nie wieder Krieg«!

Aber keine »Wehrmachtsausstellung« die 18 Millionen Soldaten beleidigt.

Internationale Militärhistoriker bestätigen der Wehrmacht, die disziplinierteste Armee der Welt gewesen zu sein. Das wussten die, die dabei waren, aber ihr Wort galt und gilt nichts. Es ist ein beredter und typisch deutscher Vorgang, dass erst ein ungarischer und ein polnischer Historiker kommen mussten, um die Fragwürdigkeit der obigen Ausstellung aufzudecken!

Nach dem Krieg schwiegen die Betroffenen aller Gesellschaftsschichten, sie fühlten sich missbraucht und hintergangen. Die einst einflussreichen Kreise, beraubt ihrer Habe und oft ohne Heimat, waren so stumm wie alle anderen und flüchteten sich in eine Art Masochismus, der bis heute angehalten hat. Nicht umsonst die Frage des litauischen Ministerpräsidenten: »Wann hören die Deutschen auf, eine Canossa-Republik zu sein?«.

Die Zäsur war vollkommen, alle Traditionen verloren ihre Gültigkeit.

Die Jugend war aller Vorbilder beraubt. Wie eine Ranke ohne Halt dem Sturm der Zeit ausgesetzt.

Der Preis war und ist gross, um die verlorenen geistigen und kulturellen Werte wiederzubeleben, werden zwei Generationen kämpfen müssen.

Diese geächtete Generation erbrachte dann aber noch die Leistung, die zum sogenannten Wirtschaftswunder führte. Der Begriff »Wunder« ist hier völlig unangebracht. Es war eine Arbeitsleistung riesigen Ausmasses, basierend auf einer ungeheuren Solidarität, der Überlebensstrategie des Krieges. Die Arbeit war noch eine Aufgabe, kein Job für die »Kohle«, eine 35-Stunden-Woche gab es nicht, und der Begriff, zumutbar oder nicht, existierte nicht. Über 14 Tage

Urlaub freute man sich, waren sie doch ein Geschenk. Man wollte leben und wusste, was man dafür zu leisten hatte.

Der Erfolg der sozialen Marktwirtschaft nach 1945 ist primär kein Verdienst der Gesetzgebung. Die geschaffenen Regelungen trafen auf eine Bürgerschaft, die in ihrer Grundhaltung solidarisch ausgerichtet war und für die Arbeit eine Aufgabe war. Darin lag der Erfolg! Es war die Solidarität – ein Relikt des Krieges – die dann bei der nachwachsenden Generation immer mehr verloren ging.

Von dieser Aufbauleistung haben die Heutigen fünfzig Jahre gezehrt, auch die 68er, doch langsam verbraucht sich die Substanz.

Holocaust

Der Holocaust, das Kainsmal der Deutschen, die ewige Hypothek, ein furchtbares Verbrechen. Das Fazit einer Eskalation von Grausamkeit und Brutalität, wie sie die Menschheit noch nicht erlebt hat. Um die Geschehnisse auch nur in etwa gedanklich in den Griff zu bekommen, muss man sich in die Situation des Krieges einfinden.

Wenn im Tagesdurchschnitt, so im letzten Kriegsjahr, 17 000 Menschen allein auf deutscher Seite den Tod fanden, so hört jede Normalität auf, existent zu sein.

Betrachtet man, wenn es um die Vergangenheit geht, nur den Holocaust, so wird man der Zeit nicht gerecht. Die sechs Millionen Juden – eine politische Zahl – sind sechs Millionen von 55 Millionen, die der Krieg dahingerafft hat. Unter den »restlichen« 49 Millionen sind 10 Millionen Deutsche, davon über 3,5 Millionen Frauen und Kinder. Sie sind von Bomben zerfetzt, von Trümmern erschlagen worden, im Feuersturm verbrannt oder von Kugeln aus Gewehren und Pistolen erschossen worden. Ein apokalyptisches Szenario, das alles möglich machte, leider auch den Holocaust.

Heute wird ein »Volk« schuldig gesprochen, wovon sich 99,5 % subjektiv als unschuldig empfinden. Die einen, weil sie definitiv keine Kenntnis hatten von den Dingen, die geschahen, die anderen – und die Zahl wächst ständig –, weil sie noch gar nicht geboren waren. Eine Anklage, die einen riskanten Sprengstoff beinhaltet. Hitlers Sippenhaftung kommt in Erinnerung.

Doch wie war die Entwicklung? Im Jahre 1937 lebten in Deutschland – laut dem »Philo-Lexikon, dem Handbuch des Jüdischen Wissens« – 385 000 Juden, das waren 0,58 % der Bevölkerung. Geht man davon aus, dass fast die Hälfte in Berlin ansässig war, so spielte der Anteil an der Bevölkerung in der Provinz eine absolut untergeordnete Bedeutung.

In ganz Europa, vom Atlantik bis zum Ural, lebten laut o. g . Quelle 9,5 Mio. Juden.

Ein ambivalenter Antisemitismus war zweifellos vorhanden, aber er reichte nicht, um Gewalttaten zu vollbringen. Aktionen wie die Kristallnacht wurden von bestellten Schlägertrupps ausgeführt. Kein Geringerer als Erich Kästner hat hier einen eindrucksvollen Augenzeugenbericht geschrieben. Dass die Antipathie in Berlin ausgeprägter war als im übrigen Land, hat zwei Gründe: Zum einen waren es die Ostjuden, die aus Polen zuwanderten, bekleidet mit Kaftan und ausgestattet mit langen Vollbärten kamen sie aus einem anderen Kulturkreis und waren zu jener Zeit Fremdkörper in der Stadt. Der andere Grund war die Vielzahl derer, die Einfluss nahmen auf Kultur und Wirtschaft und die Abwehr der Mehrheit herausforderten.

Bis in den Krieg hinein ist den Juden physisch nichts geschehen. Noch in den ersten Kriegsjahren war die jüdische Schule in Berlin in der Wilsnacker Strasse in Betrieb. Marcel Reich-Ranicki beschreibt selbst, wie er 1938 ohne

Beeinträchtigung am Fichte-Gymnasium in Berlin sein Abitur ablegen konnte.

Dann kam der Krieg! Die ersten Einschränkungen wurden spürbar.18 Millionen wurden Soldaten. Noch mehr Mütter, Frauen und Kinder zitterten um Sohn, Mann, Bruder oder Vater. Die ersten Bomben fielen. Gewalt säte Zorn und Wut und forderte wieder Gewalt.

Die Eskalation war ausgelöst. Am Ende stand der Kampf ums eigene Überleben. In dieser Zeit dachte niemand mehr an den jüdischen Nachbarn von gestern. Was mit ihm wirklich geschah, wusste sowieso niemand. Ausserdem hatten die Juden Deutschland den Krieg erklärt. Widerstand war sinnlos. Was sollte der kleine Mann ausrichten, wenn selbst der erfolgreichste und beliebteste Feldmarschall, Erwin Rommel, von den Nazis gezwungen wurde, zur Pistole zu greifen, um sich selbst zu richten? Nur weil er die Sinnlosigkeit des Durchhaltens erkannt und ausgesprochen hatte. Es war eben keine Demokratie.

Es war eine Zeit der Despotie, die dunkelste Nacht des Humanismus, und alle haben gelitten. Man kann nicht ein Volk, das wehrlos in diese Zeit eingebunden war, auf Dauer schuldig sprechen, man kann nicht auf Generationen hinaus Versäumnisse aus der Vergangenheit vortragen und damit die Zukunft belasten.

Im Deutschland von heute haben wir eine vielschichtige Bevölkerung aus vielerlei Staaten mit den verschiedensten Kulturen und Religionen, Christen, Moslems, Juden u. a., alle haben die gleichen Rechte vor dem Gesetz.

Solange die Minderheiten sich gemäss ihrer Zahl eingliedern, gibt es ein friedliches Miteinander. Doch verlangt eine Gruppe mehr Rechte, übt sie einen überproportionalen Einfluss aus, kommt der Widerstand der Mehrheit. Das ist keine deutsche Eigenart, das ist überall in der Welt das gleiche Szenario. Darum müssen wir zu einer Normalität finden im Miteinander, auch wenn es um jüdische Mitbürger geht. Die Überbetonung der Themen mit jüdischem Bezug (jüdische Kultur, jüdisches Leiden, jüdische Geschichte, jüdische Literatur) muss dem Normalen weichen. Der immer wieder erhobene Zeigefinger muss abgelöst werden von einer unverkrampften Selbstverständlichkeit. Wir müssen uns lösen von den Verallgemeinerungen, »die Deutschen«, »die Engländer«, »die Juden« usw. Überall gibt es diese und jene, es gibt »Falken« und »Tauben«, es gibt Demokraten, aber auch Fundamentalisten, die keine Skrupel kennen. Deutschland hatte eine Regierung von Fanatikern und hat gelitten wie die Völker Europas. Nicht die Völker führen die Kriege, es sind die Fanatiker oder modern die Fundamentalisten die den Frieden immer wieder stören. Eine Situation, die jeder Israeli bestens kennt.

Warum ist ein Wandel so nötig? Wenn absolut Unschuldige permanent Schuldvorwürfe hinnehmen müssen, wenn man die Vergehen der Vorgeneration immer wieder nutzt zur merkantilen Wiedergutmachung, wenn immer neue Forderungen erhoben werden, so fehlt das Verständnis, es schlägt um in Ablehnung und letztlich in Zorn. Der Antisemitismus ist keine deutsche Erfindung, er ist Teil der abendländischen Geschichte seit dem Auszug aus Ägypten. Eine Erforschung der Ursachen ist eine Forderung der Zeit.

Martin Walsers Begriff von der »Instrumentalisierung« des Holocaust war ein Warnruf – leider ohne grossen Nachhall.

Der Holocaust ist heute der geschichtstheologische Begriff für die Identität der jüdischen Welt. Umgekehrt hat die einseitige Geschichtsbetrachtung und die permanente Betonung des Holocaust die deutsche Identität zerstört.

Die Geschichte und die Historiker

Kann man sagen, Historiker seien Wissenschaftler? Von der Wissenschaft erwartet man schlüssige, exakte Ergebnisse. Bei den Historikern ist dies leider nicht festzustellen.

In Ereignissen, die die Welt erschüttert haben, gibt es absolut entgegengesetzte Aussagen. Das Lager und die entsprechende Zugehörigkeit bestimmen das Ergebnis.

Historiker handeln vielfach wie Puzzle-Spieler, indem sie aus dem Kleingedruckten der Geschichte den grossen Bogen rekonstruieren wollen. Es ist wie vor Gericht wo der Anwalt des Klägers aus den drei Seiten des Kleingedruckten, im Anhang des Vertrages, die Schuld des Beklagten zu beweisen sucht.

Wie alles auf dieser Welt wird auch die Geschichte von der Psychologie bestimmt, und damit erklärt sich vieles leichter und wird transparenter.

Betrachten wir die Situation am Ende des 19ten Jahrhunderts.

Es war die Zeit der Nationalstaaten. Seine Erweiterung, seine Verteidigung und seine Behauptung waren die Kennzeichen, die die Politik bestimmten. Der Krieg war, wie in den Jahrhunderten zuvor, das probate Mittel zur Durchsetzung der eigenen Vorstellungen.

Grossbritannien war die beherrschende Weltmacht. Im Reich der Queen Victoria ging die Sonne tatsächlich nie unter.

Frankreich hatte sich diverse Territorien auf dem Globus gesichert und stand als Weltmacht Nr. 2 fest.

Mit der Reichsgründung durch Bismarck war aber ein Rivale entstanden, der sich anschickte, die alte Ordnung zu gefährden. Ein »Youngster » der sich aufmachte, ein ernsthafter Konkurrent zu werden. Erst ein paar Jahrzehnte alt, muckte er gegen die jahrhundertalte Tradition der Grossmächte auf, erst wirtschaftlich und dann auch noch machtpolitisch.

Das war, zugegeben simpel dargestellt, die Ausgangsbasis, die den ersten Weltkrieg auslöste. Sarajevo und die Auseinandersetzung zwischen Österreich und Jugoslawien waren der gesuchte Vorwand.

Die einen wollten ihre Macht und Vorrangstellung verteidigen, die anderen glaubten, ein Recht zu haben auf ihren Anteil.

Es war ein gewollter Krieg, in dem es keinen Unschuldigen gab, aber auch keinen, dem man die Alleinschuld zuschreiben kann.

Am Ende stand ein »Friede«, der das umsetzen sollte, was das eigentliche Kriegsziel war: Den lästigen Konkurrenten in Wirtschaft und Macht so zu zerschlagen, dass er auf Jahrzehnte hinaus kraftlos am Boden liegen sollte. Die verheerenden Folgen sind bekannt.

Aus dieser Geschichte sollten für das 21ste Jahrhundert die Lehren gezogen werden. Die Historiker sollten sich ihrer Aufgabe als Wissenschaftler bewusst werden und bei ihrer Arbeit die Auflagen der »Political Correctness« vergessen.

Wenn Europa werden und Bestand haben soll, dann darf es nur ***ein Recht***, das für alle gültig ist, geben. Es gibt kein besonderes Recht für die grösseren Nationen, wie es keine Differenz im Recht zwischen Siegern und Besiegten geben darf.

Eine Verletzung des Rechts hat sich in der Geschichte immer gerächt!

Heute

Der 11 September 2001 setzt der unbekümmerten »Spassgesellschaft« ein jähes Ende. Wohin die Attacke führt, können wir nicht voraussagen. Um so wichtiger ist die Auseinandersetzung mit dem, was wir sind, was wir leisten können, was im argen liegt, was wir ändern oder verbessern müssen.

Der Umbruch von der Produktions- zur Informationsindustrie hat ganze Branchen sterben lassen. Viele Zeitgenossen haben einen Beruf erlernt, den es heute schon nicht mehr gibt. Die kompakte Stadt, in der man lebte , arbeitete und einkaufte, existiert nicht mehr. Mit der Mobilität sind die Lebensbereiche aufgerissen worden. Man arbeitet im Nachbarort und kauft auf der grünen Wiese im Supermarkt ein. Der Regionalverkehr ist vom individuell lenkbaren Auto abgelöst worden. Die engen Lebensräume früherer Jahre sind gesprengt worden. Änderungen, die auf dem technischen Fortschritt basieren.

Einschneidender sind die gesellschaftlichen Umbrüche. Seit der Erfindung der »Pille« hat sich die Stellung der Frau von der Mutterrolle zur sich selbst verwirklichenden, den Kosum nutzenden Berufsfrau entwickelt. Kinder sind degradiert worden zu rechnerischen Grössen in der Haushaltsführung. Bindungen in Ehe und Familie werden immer lockerer, seitdem Sex mit Liebe verwechselt wird. Mehr als ein Drittel aller Wohneinheiten sind heute Single-Haushalte. Die Zahl der alleinerziehenden Mütter oder auch Väter steigt permanent. Was über viele Generationen gewachsen ist, hat über Nacht keinen Wert mehr.

Und die Jugend? Sie hat sich abgewendet von allen traditionellen Vorgaben. Werbung und Medien haben sich ihrer bemächtigt. Innovation ist das Schlagwort, alles, was gestern war, ist »out«. Sie beherrschen die Szene und die Zeit.

Welch gefährlicher Irrtum!

Dass die Jugend das Leben mit allem, was geboten wird, so nimmt, wie es ist, ist logisch, anders kennt sie es nicht, die Tugenden von gestern wurden ihnen nicht vermittelt.

Aber die »Spassgesellschaft« mit dem Motto »just for fun«, in der jeder nur sein Ego kennt, ist trügerisch. Zeitspannen wie die der letzten 50 Jahre, die breiten Bevölkerungsschichten einen nie gekannten Wohlstand brachten, sind in der Geschichte selten.

Zwei vollbesetzte Passagiermaschinen, die in das World Trade Center gerast sind, haben die Welt über Nacht verändert, vorbei die Zeit des unbeschwerten Daseins.

Der Zeitgeist mit seinem exzessiven Streben nach materiellen Erfolgen – möglichst ohne Anstrengungen – gepaart mit einem egozentrisch gearteten Individualismus, steht hilflos da, wenn Solidarität verlangt wird.

Zeitgeist

Die Gesellschaft kritisiert die Schule, die Behörden, die Politiker und noch viel mehr, dabei vergisst sie, dass alle diese Institutionen Teile der Gesellschaft sind und den Zeitgeist dokumentieren. Die Probleme, die uns in der Gegenwart belasten, haben ihre Basis:

> *... In einer falschen, verdrängten und meist überzogenen Reaktion auf die Vergangenheit, teilweise wurde sie aufoktroyiert, aber auch ohne Gegenwehr übernommen. Das Ergebnis: Verlust der Traditionen.*
>
> Neben dem zuvor gesagten, noch einen Satz dazu: Die Vorväter waren weder Dummköpfe noch Verbrecher, es hatte alles seine Chronologie.
>
> *... Durch die rasante Veränderung unserer Umwelt in technologischer Hinsicht*
>
> Die einflussreichste Veränderung ist die Entwicklung in der Medien-Welt. Von Montesquieu kennen wir die Teilung der Macht, die Legislative, die Exekutive und die Judikative. Heute gibt es die vierte Macht, die der Medien. Dabei steht in der vordersten Linie das Fernsehen, und hier bestimmt die »Masse«, die Unterschicht. Damit geht ein verheerender Einfluss auf Kultur und Politik einher.

... Der Wohlstand, der keine Grenzen mehr akzeptiert und einen ruinösen Zeitgeist produziert.

Hier liegen die folgenschwersten Veränderungen vor. Die Solidargemeinschaft ist abgelöst worden durch eine egozentrisch bestimmte Individualgesellschaft. Entgegen allen Gesetzen der Natur haben wir uns aus dem vorgegebenen Kreislauf verabschiedet. Ernähren und Vermehren, die Grundlagen allen Lebens, haben ihre Geltung verloren. Ernähren ja, bis zum bersten – vermehren nein, es schmälert zu sehr unseren Vergnügungsetat. Ein Zustand, wie er am Ende aller grossen Kulturen zu verzeichnen ist. Gleich einem überfütterten Hund, der träge wird und jede Wachsamkeit vergisst.

Der Wohlstand fördert leider nur eine unheilvolle Eigenschaft der Menschen: den NEID! Aus dem Neid erwächst das Anspruchsdenken, der Kampf jeder gegen jeden (Mobbing) und alle schlechten Charakterzüge, bis hin zum Hass.

Ein unheilvoller Zeitgeist!

Familie

Ein Ziel der Alliierten, speziell der Amerikaner, war nach dem Ende des Krieges, den Charakter der Deutschen zu ändern. Hierzu wurde im Zuge der re-education das ICD Screening Center in Bad Orb gegründet, die Leitung wurde dem amerikanischen Psychoanalytiker David Mardochai Levy übertragen. Eines der wichtigsten Ziele bestand darin, die Autorität des deutschen Vaters in der Familie zu brechen. Auf die Dominanz des Vaters führte man die deutschen Erziehungsprinzipien wie Disziplin, Ordnung und Sauberkeit zurück. Eigenschaften, die uns in der Mitte Europas als Staat das Überleben ermöglichten.

50 Jahre später sind die erfolgreichen Bemühungen allseits bemerkbar. Die positive Gleichstellung der Frau ist ins Gegenteil umgekippt. Seit Jahrzehnten bewegen wir uns in Richtung des Matriarchats, doch geht die Entwicklung weniger in Richtung »Mater«, vielmehr spielt sich die »Domina« nach vorne. Die Urzelle aller Gemeinschaften, die **Familie** zerbricht.

Betrachtet man die demographischen Zahlen, die Entwicklung der Bevölkerungsstatistik, so kann man nur erschrecken. Die Familie, Grundpfeiler aller Kulturen, erodiert bei uns. Der Hedonismus und das merkantile Streben haben den Wunsch nach Kindern zu Etat-Grössen degradiert. Viele beschäftigen sich mit Umwelterhaltung, mit der Frage, wie so manche Tierart vor dem Aussterben zu bewahren ist, wie der Wald geschont werden kann, und entfernen sich gleichzeitig von dem Urprinzip der Natur – der Erhaltung der eigenen Art. Dass Kinder der Mittelpunkt einer positiven Lebensgestaltung sind, dass das Hinführen der Kleinen in ein eigenständiges Dasein eine der schönsten Aufgaben ist, davon wird nicht gesprochen. Kinder machen Mühe, sind hinderlich bei der Karriere und kosten nur Geld, das beim Konsum fehlt. Nein, bitte nicht, wir wollen Spass haben und darum muss alles bequem und pflegeleicht sein.

Muss es so sein?

Der Sprint-Olympiasieger Johnson ist einer von vier Brüdern. Alle vier haben die Highschool absolviert und studiert, er ist noch der gefeierte Olympiasieger geworden. Der Vater ist Truckerfahrer. Diese Mutter kann auf ein Lebenswerk zurückschauen, kann stolz sein, denn sie hat mehr vollbracht als die Managerin im nächsten Kaufhaus.

Die Politiker versuchen nun, durch finanzielle Zuschüsse den Trend aufzuhalten. Der Erfolg ist fragwürdig. Eine fatale Geisteshaltung ist nicht durch Gesetze oder Verordnungen aufzuhalten. Manche Zukunftsforscher sprechen von einer Auseinandersetzung der Kulturen, die ist nicht nötig, das regelt sich mit der Zeit von selber. Berlin ist bereits die zweitgrösste Stadt der Türkei.

Die Grundlage der Familie ist die Ehe, ein weiterer Krisenherd. Wenn ein Drittel aller Wohneinheiten bereits Single-Haushalte sind – bei steigender Tendenz –, so spricht das nicht für die Gesellschaft. Sich zurückzustellen, sich anzupassen, Verantwortung zu übernehmen, sein eigenes Ego mal zu vergessen passt nicht in diese Zeit. Treibt das Begehren, so holt man sich den Sex an der nächsten Ecke. Warum dann noch heiraten?

Die Politiker tun alles, um die Dinge zu fördern. Um die Stimmen der Frauen zu gewinnen, haben sie die Gesetze entsprechend geändert, mit dem Erfolg, dass viele Männer das Risiko einer Ehe scheuen. Es mehren sich die Vorfälle, dass Frauen nach einigen Jahren der Ehe über Nacht ausziehen und den Mann – oft mit Kindern – alleine lassen. »Mir kann ja nichts passieren«, er muss zahlen wie eine Versicherungsgesellschaft. Das neue Leben gestaltet man mit einem sogenannten Lebenspartner.

Wenn ehemalige Ehemänner selbst für Kinder, die nachweislich nicht von ihnen sind, bezahlen müssen, muss jeder am sogenannten Recht zweifeln.

50 Jahre Umerziehung und 50 Jahre Wohlstand haben genügt, um diese Dekadenz zu entwickeln.

Identität

Da kommt jemand daher und spricht den Satz: »Ich bin stolz, ein Deutscher zu sein« aus, und sofort fällt das linke Spektrum unserer Gesellschaft über ihn her, als habe er Morddrohungen ausgesprochen. Diverse Prominente bis zum Bundespräsidenten werden um Stellungnahme gebeten. »Na ja, so kann man das ja nicht sagen«, »Man kann doch nur auf die eigene Leistung stolz sein«, so und ähnlich die Kommentare.

Alles ein Ausdruck unserer Identitätskrise, unserer Komplexe, eine deutsche Krankheit! Wir sind ein altes Kulturvolk, waren zeitweise führend in der Welt, wenn es um Kultur, Wissenschaft und Technik ging. Viele Entwicklungen, die die Menschheit vorangebracht haben, gehen von unserem Boden aus. Wir haben eine vielfältige, wunderbare Natur, hervorragend gestaltet von den Menschen, die dort leben. Warum diese Komplexe? Als deutscher Staat sind wir allerdings die »Youngster« im Konzert der Grossmächte. Wir sind 130 Jahre alt, jung im Verhältnis zu den Ländern wie Grossbritannien, Frankreich oder Spanien, selbst die USA haben eine längere staatliche Geschichte. Nicht wenige waren es, die nach 1945 gerne wieder einen »Flickerlteppich« von Kleinstaaten in der Mitte Europas gesehen hätten. Ob dann die historische Leistung, die Aufnahme und Integration von 20 Millionen Vertriebenen möglich gewesen wäre, ist sehr in Frage zu stellen.

Vergleicht man diese Leistung mit dem Schicksal anderer Flüchtlinge in der Welt, so ist dies allein ein Grund, stolz zu sein.

An dieser Integration waren alle Bürger beteiligt, eine beispiellose solidarische Leistung.

Zu dieser Zeit gab es auch keine Frage nach der Identität. Im Drama der Zeit sassen alle in einem Boot, das gemeinsame Schicksal schuf eine Gemeinschaft. Eine Situation, die sich 1989 wiederholte. Die Bürger der DDR hatten alle die gleichen Einschränkungen zu ertragen, waren aufeinander angewiesen, hatten alle nicht viel und waren Gleiche unter Gleichen. Das wirkt bis heute nach. Viele, die PDS wählen, vermissen diese Gemeinschaft und kommen mit der westlichen Ellenbogengesellschaft nicht zurecht.

Nach Untersuchungen haben speziell Jugendliche Probleme mit dem Bekenntnis, Deutsche oder Deutscher zu sein. Ein Ergebnis mangelhafter oder einseitiger Unterrichtung in allem, was Geschichte betrifft. Wenn wir Flecken auf unserer Vergangenheit haben, so ist das bedauerlich, doch es gibt kein Staatswesen mit einer blütenweissen Geschichte. Solange die Jugend sich nicht geborgen fühlen kann in einer Gemeinschaft, zu deren Identität sie sich bekennen kann, fehlt ihr der Halt, um sich zu behaupten.

Auch in bezug auf die Integration unserer ausländischen Mitbürger spielt die Einstellung eine wesentliche Rolle. Stösst ein Fremder auf eine Gruppierung, die in sich geschlossen, selbstbewusst und stolz ist, wird er sich schneller anschliessen und integrieren. Der Schmelztiegel Amerika ist hierfür das beste Beispiel. Es ist gleich, ob der Bürger von weisser, gelber, schwarzer oder roter Hautfarbe ist, sie alle schwenken begeistert »Stars and Stripes« und legen ihre Hand aufs Herz, wenn die Nationalhymne ertönt. Patriotismus ist überall genehm, nur den Deutschen fehlt der Mut dazu, auch 50 Jahre nach dem Krieg.

Heimat

Ministerpräsident Stoiber verlangt, dass ein jeder ein Recht auf Heimat habe, auch in einem vereinigten Europa.

Doch was ist »Heimat«?

Ist es die Stadt, in der man geboren ist, ist es die Landschaft, in der man aufgewachsen ist? Gehört nicht die ganze Umgebung, vom Elternhaus über die Schule, von Freunden und Nachbarn dazu? Das Land und seine Geschichte, seine Traditionen und Besonderheiten, all das macht Heimat aus. Die ererbten Vorstellungen und Werte der Vorgeneration werden aufgenommen, weitergetragen und modifiziert. Es ist die Gemeinschaft, in der man vom Kind zum Mann oder zur Frau herangereift ist, deren Lebensstil wir als Tradition mit uns tragen und die Basis bilden für ein ganzes Leben.

Doch was ist, wenn dieses Fundament voller Lücken ist?

Kinder aus gestörten Familien, z. B. der Vater brutaler Schläger, die Mutter Alkoholikerin, sind Problemkinder und werden es ihr Leben lang bleiben. Es fehlt ihnen das Vorbild, das ihnen die Lebenstradition vorlebte. Kinder brauchen etwas, worauf sie stolz sein können, wo sie sich anlehnen können, um ihren eigenen Weg zu suchen.

So, wie es in der kleinsten Gemeinschaft, der Familie ist, so setzt es sich in anderen Gruppierungen fort. Jeder Verein ist stolz auf seine Erfolge in der Vergangenheit, Trophäen werden sorgsam gepflegt und dienen den Neuen, den Jungen zum Vorbild. Nicht anders verhält es sich in der grossen Gemeinschaft, die wir Staat oder Nation nennen. Auch wenn diese Begriffe heute keinen Stellenwert haben, als Faktum besteht die Gemeinschaft derer, die sich deutsch nennen, fort. Ein Gemeinwesen, das seine Leistungsfähigkeit bewiesen hat und beweist.

Kann man eine solche Gemeinschaft auf Dauer desavouieren? Kann man ohne jede Differenzierung alle pauschal disqualifizieren, sie zu Verbrechern oder zu Dummköpfen erklären? Der permanente Vorwurf, die dauernde Schuldzuweisung tötet die eigene Geschichte, verstellt den Blick zur klaren Beurteilung und kappt die traditionellen Wurzeln zu dem, was wir Heimat nennen. Nach 1918 ist man diesen Weg schon einmal gegangen, mit katastrophalem Ergebnis.

Die Verdammung der Vorgeneration geht so weit, dass selbst die Toten mit einbezogen werden. Es ist eine Schande für eine Kulturnation, wenn einzelne in Tageszeitungen Anzeigen schalten müssen, die an die Väter, Brüder und Freunde erinnern, die den Wahnsinn nicht überlebt haben. Die »Nation« hat sie vergessen, verdrängt und verurteilt.

Der Vietnamkrieg war in keiner Weise ein sauberes oder gerechtes Vorgehen der Amerikaner, aber keinem Amerikaner würde es einfallen, die Toten zu ächten.

Die britische Armee hat in ihrer langen Kolonialgeschichte viele unsauberen Ereignisse zu verzeichnen, nichtsdestotrotz zelebrieren sie ihre Tradition mit allem Pomp.

Die Franzosen – der Vollständigkeit halber – stehen dem allem auch nicht nach.

Traditionen sind das Fundament einer Gemeinschaft, sind die Basen des gemeinsamen Lebens. Raubt man einem

Volk diese Wurzeln, werden die Menschen wie ein Stück Holz von der Strömung mal hierhin, mal dorthin getrieben.

Eine Identitätskrise in Teilen unserer Jugend ist die Folge. Bei einem Treffen Jugendlicher im Ausland bekannten sich die Engländer und Franzosen eindeutig zu ihrer Nationalität. Von den deutschen Mädels kam ein schüchternes: »I come from Germany.« Ein Verhalten, das keinen Kommentar benötigt.

Die jüngsten Ereignisse mit den sogenannten Rechtsradikalen, besonders im Osten, sind der lebende Beweis. Diese Glatzköpfe, zu dumm, um Politik zu verstehen, lassen sich einspannen, um Randale zu betreiben. Was suchen diese jungen Menschen?

Die ersten zehn Lebensjahre verbrachten sie in der DDR, waren junge Pioniere, hatten Vorbilder (Engels, Marx. Liebknecht usw.), waren stolz auf die sportlichen Erfolge ihrer Landsleute (mit Doping) und lebten bewusst als Kinder der »Deutschen Demokratischen Republik«, dem Vater aller Werktätigen. Nun nach der Wende haben sie keine Vorbilder mehr, niemand, der sie an die Hand nimmt und lenkt. Die Werte »Ellenbogen« und »Geld« sagen ihnen nichts, denn da können sie sowieso nicht mithalten. Sie suchen eine starke Gemeinschaft, die ihnen Geborgenheit bietet, in der sie sich sicher fühlen können, mit der sie sich identifizieren können. Sie haben, anders als die Westdeutschen, zu abrupt ihre Wurzeln verloren,

Und in Westdeutschland? Die Jugend hat sich arrangiert, grosse Teile empfinden sich als Europäer oder Weltbürger. Als deutsch bezeichnen sie sich, weil es so im Pass steht.

Doch ohne Gruppenidentifikation gibt es auch keine

Solidarität. Jeder ist sich selbst der Nächste und nur sich selbst gegenüber verantwortlich. Die Folgen dieser Identitätskrise sind allerorten spürbar.

Diese Situation, das Ziel der seinerzeitigen re-education, ist *heute*, 50 Jahre später erreicht. Die Formel: deutsch = Nazi = böse ist leider zu weit in der Welt verankert worden. Hier kommen Versäumnisse zutage. Was haben die Verantwortlichen auf deutscher Seite getan, um diesem Trend entgegenzusteuern? Jede Beschuldigung , ob belegt oder fiktiv, wurde hingenommen. Sind wir Masochisten?

50 Jahre mussten vergehen und ausländische Historiker mussten sich bemühen, um unsinnige Vorwürfe aus der Welt zu schaffen. Zum Beispiel Katyn, Montecassino oder San Minato wurden den Deutschen widerspruchslos angelastet. Eine »Wehrmachtsausstellung« mit der falschen Aussage »Das war die Wehrmacht« wurde von höchsten Stellen akzeptiert, dass Soldaten »Mörder« seien widerspruchslos hingenommen. Keiner hat sich darum bemüht, politische Zahlen durch Fakten richtigzustellen, im Gegenteil, Bundespräsident Heinemann erhöhte die Holocaust-Zahl ohne Druck auf zehn Millionen.

Warum muss man darüber reden? Viele unserer Probleme von heute haben hier ihren Ausgangspunkt. Das alles hat nichts mit Revanchismus zu tun. Es geht nicht darum, mittels Zahlenspielen eines gegen das andere aufzurechnen, man muss das 20. Jahrhundert als ein Ganzes sehen, die Geschichte in ihrer Kausalität bewerten, dann erkennt man den Wahnsinn, der nur zerstört und getötet hat. Es gibt keine Seite, die eine lupenreine Weste hat, und der Bewertungsmassstab von Sieger und Besiegte muss beendet sein.

Die Diskriminierung eines Volkes ist in der Geschichte nie gutgegangen. Hitlers Herrenrassenwahn ist von den »Untermenschen« im Osten beantwortet worden. Die wirtschaftliche Demontage Deutschlands nach 1918 hat Verheerendes bewirkt, und darum muss die moralische Verdammung der Deutschen von 1945 ein Ende haben.

Ein neues, vereintes Europa kann nur unter Gleichberechtigten gedeihen, faktisch und moralisch, nur dann entsteht eine tragende Solidargemeinschaft der Völker.

In dieser Gemeinschaft hat jedes Volk sein Recht auf Heimat, und dazu gehören auch die Deutschen und ihre Tradition.

Das verlorene Niveau

Zu jeder Zeit und in jeder Gesellschaft gibt es einen »Zeitgeist«, der bestimmt wurde und wird von der jeweils tonangebenden Schicht. War es früher der Hof und der Adel, so herrschte im 19ten Jahrhundert das gehobene Bürgertum.

Mit dem Souverän »Volk«, im 20sten Jahrhundert, änderte sich der Stil. Der Zeitgeist bestimmt die ungeschriebenen Gesetze. Gesetze, die für unser tägliches Leben wichtiger sind als BGB und StGB, sie bestimmen das Miteinander, die Umgangsformen des Alltags. Die Grenzen zwischen dem, was man tut und was man besser lässt, sind leider geschrumpft. Die Scham kennt keine Grenze mehr. Die Intimsphäre hat aufgehört zu existieren. Alles ist erlaubt zum Ergötzen des breiten Publikums. Hier haben wir jedes Niveau verloren.

In Amerika wird das Privatleben des Präsidenten in erniedrigender Weise durch die Gazetten gejagt, bei uns werden Meinungsverschiedenheiten der Politiker in Form von Memoieren abgehandelt. Auf jeden Fall muss die Sensation her.

Einschaltquoten und Auflagenzahlen sind bestimmend. Im Parlament sind Angriffe unterhalb der Gürtellinie an der Tagesordnung. Die Fäkaliensprache hat überall Einzug gehalten. DasVolk ist zwar der Souverän, jedoch nicht die Strasse, die heute bestimmend ist.Über das Fernsehen, die

Einschaltquoten die von der Masse – der Strasse – bestimmt werden, ist der Kumpel-Jargon im Alltag überall gegenwärtig. Wenn ein hoher Diplomat Mitarbeiter, die für ihn ihren Dienst versehen, mit »Arschloch« tituliert, so ist das der Bodensatz an Niveaulosigkeit.

Schon Konfuzius sagt: Probleme der Politik sind nur von der Moral her zu lösen. Die Aufgabe des Herrschers sei, die Menschen zu veredeln, dabei müsse ihm die Oberklasse oder Elite helfen.Wo sind sie?

Ohrringe, Turnschuhe oder Piercen sind Modeerscheinungen, die kommen und gehen auch wieder. Doch kritisch wird es, wenn die Vertreter dieser Klasse unser Leben bestimmen wenn z. B. Parlamentarier provokativ so auftreten. Wenn ein Schriftsteller dem anderen empfiehlt, »das Maul zu halten«, so sind das treffliche »Vorbilder«. Wenn Graffiti als Schmuck verstanden werden, Ladendiebstahl als Bagatelle angesehen wird usw. dann stimmt etwas nicht. Das äussere Erscheinungsbild einer Gesellschaft sagt viel über ihren inneren Gehalt aus. Stilfragen sind keine hohlen Floskeln.

50 Jahre Wohlstandsgesellschaft haben zu einem Hedonismus geführt, der nicht mehr zu übertreffen ist. Schon in der Schule heisst es »just for fun«. Arbeit ist keine Aufgabe mehr, sondern das notwendige Übel, um den nächsten Urlaub zu finanzieren. Der Staat ist nur dazu da, die Existenz finanziell zu garantieren. Der Reiche nutzt jede Gelegenheit, um seine Gelder abgabefrei zu deponieren, der wenig Begüterte lebt von Arbeitslosengeld, Wohngeld, Kindergeld oder Sozialhilfe. Jeder ist sich selbst der Nächste. Das Leben soll so bequem wie möglich sein. Das

häusliche Kochen ist vielerorts zu mühsam geworden, Fertig- oder Halbfertigprodukte aus dem Supermarkt tun es auch, oder man schickt die Kinder gleich zum Türken oder Griechen.

Die sich daraus ergebenden gesundheitlichen Probleme werden verdrängt, die Kosten zahlt eh die Krankenkasse. Wenn das geliebte Auto eine Beule hat und in die Werkstatt muss, lautet dort die erste Frage: »Ist es ein Versicherungsschaden?« Wenn ja, fällt die spätere Rechnung gleich 300 Euro höher aus. Nassauern wo immer man kann, ist die Devise. Die Bequemlichkeit drückt sich auch in der Mode aus. Die Frauen tragen alle grau oder zumindest gedeckte Farben. Eine junge Frau in einer weissen Bluse ist eine Rarität. Selbst die Unter- und Nachtwäsche wird grau bis bunt gestaltet, das spart die Mühe der frühen Wäsche. Die Bettwäsche wird aus gewirktem Jersey gefertigt, da erübrigt sich das Bügeln.

Alle wollen Erdbeeren essen, aber bücken möchte sich keiner.

Bequem, bequem und pflegeleicht ist die Devise.

Der Tanz, ein weiteres beredtes Zeugnis unserer Zeit. Jeder hopst für sich allein, da braucht man kein Einfühlungsvermögen, Rücksicht ist auch nicht gefragt, jeder tobt sein Ego aus. Doch jeder für sich oder jeder gegen jeden hat seinen Preis: Die Einsamkeit. Die psychiatrischen Kliniken belegen das Ergebnis: hier herrscht kein Mangel an Patienten. Hauptsache, ich hab' meinen Spass, alles andere ist mir egal. Egozentrik in Vollendung. Solidarität ein Fremdwort.

All diese Dinge, die im Alltag weggestrichen werden, sind die Elemente, die unsere Kultur ausmachen. Ein »Hamburger« aus der Pappschale zur Norm erhoben, entspricht dem verbalen Verhalten vieler Mitmenschen und Politiker. Um es deutlich zu machen: Die einen sprechen vom Fressen, die anderen vom Essen und wieder andere vom Dinieren. Die nur »fressen« dürfen nicht die Zeit bestimmen.

Kultur ist auch eine Frage der persönlichen Mühen, ein gut gedeckter Tisch, ein gepflegter Haushalt verlangt Einsatz. Dem Mammon und der Jagd nach dem Spass zuliebe verzichtet man auf zuviel von dem, was wir unter Kultur verstehen.

In Worten und in Taten haben wir an Niveau verloren, das gilt für die Politik und reicht bis in die letzte Wohnstube.

Bildung und Forschung

Vier Millionen Arbeitslose einerseits und eine verzweifelt, nach Fachkräften suchende Industrie andererseits ist ein Widerspruch, der zum Nachdenken zwingt. Es wird wohl niemand behaupten wollen, dass wir vier Millionen »Deppen« haben, die nicht fähig sind, die geforderte Leistung zu erbringen. Die Bildung und Ausbildung hat in der Schule, in der Universität und überall versagt.

Die verzweifelte Suche nach Fachkräften über eine »Greencard«-Aktion, ist eine Bankrotterklärung für unsere Kultusminister, für alle, die mit Bildung oder Ausbildung betraut sind. Ein Armutszeugnis für die zweitgrösste Exportnation der Welt.

Wo liegt die Schuld? Eine Frage, die nur vielschichtig zu beantworten ist.

Alle, die es zugelassen haben, dass unsere Werte wie Fleiss, Zuverlässlichkeit, Beständigkeit und vor allem die Disziplin untergegangen sind. Das Verhängnis der »68er Befreiung« die sinnvoller Weise den Untertanen Staat abschaffte, aber zugleich auch jede Form von Respekt eliminierte. Alle, die »just for fun« als alleiniges Lernprinzip für die Schule kreieren. Alle, für die die Rendite wichtiger ist als die Ausbildung des Nachwuchses. Vor allem all die Politiker, die Gleichheit mit Chancengleichheit verwechselt haben, die wahltaktisch auf Masse statt Klasse gesetzt haben, die Abiturienten am Fliessband produzieren liessen, ohne auf die Qualifikation Wert zu legen.

Wenn man Kindern oder Jugendlichen die Wahl überlässt, welches Fach sie abwählen dürfen, so liegt es auf der Hand, dass die arbeitsintensiven naturwissenschaftlichen Fächer auf der Strecke bleiben.

Die Universitäten stöhnen über den Andrang im ersten Semester, der jede intensive Arbeit blockiert, und beklagen sich gleichzeitig über die vielen Aussteiger während des Studiums. Im Maschinenbau sind es 40 Prozent, in der Elektrotechnik und in der Physik 50 Prozent, in der Informatik 60 Prozent und in der Mathematik gar 70 Prozent. Zumeist sind es die mangelnden Vorkenntnisse, die zum Studium gehören. Kein Wunder, wenn man mit einer Eins in Sport und einer Eins in Religion das Abitur bekommen konnte, wie in Hessen geschehen.

Die jungen Menschen, die man schlecht vorbereitet in die falsche Richtung gewiesen hat, haben nur eines verloren: Zeit. Ein unfertiges Studium hat in der Wirtschaft keinen Stellenwert. Die Abwertung des Abiturs dokumentiert sich allein schon in der Vielzahl der Medizinstudenten. Um eine Zulassung zu diesem Studienzweig zu erlangen, fordert die Zulassungsstelle eine 1,0 im Abitur, danach müssten, nach echter Bewertung, alle jungen Mediziner Genies sein.

Die Schule in Verbindung mit dem Elternhaus bestimmen die Chancen eines jungen Menschen. Kinder, die beim Schuleintritt schon ihren Namen schreiben können und vielleicht bis 100 zählen können haben vom ersten Tag einen Vorsprung. Elternhäuser, in denen »Big Brother« und ähnliches zum alltäglichen Repertoire gehören, bieten ihren Kindern keine Chancengleichheit. Schulen, in denen sich nur wenige Lehrer engagieren und eine leider zu grosse Zahl unkontrolliert ihr Pensum herunterspulen, schaffen keine Voraussetzungen für eine positive Lebensplanung. Engagierte Lehrer und Lehrerinnen ab 40 Jahren finden wir heute in grosser Zahl in Kliniken zur psychischen Therapie.

Seit Jahrzehnten leisten wir uns den Luxus, für unsere Hochbegabten nichts, aber auch gar nichts zu tun. Es gibt keine speziellen Schulen, nicht einmal Förderkurse. Die Universitäten bewegen sich ebenso im Mittelmass. Die Amerikaner haben ihre Elite-Universitäten mit Harvard und Yale, die Engländer Cambridge und Oxford, und wir?

Die SPD sollte endlich ihren ideologischen Ballast abwerfen, der da heisst: Gesamtschule. Die geistigen Fähigkeiten, Talente und Interessen sind so vielseitig, dass man schulisch nicht differenziert genug darauf eingehen kann.

Die SPD muss die ideologisch verankerte Angst vor einer Elite ablegen, oder fürchtet sie eine Umkehrung der Aussage Laotses, der da sagt: »Wird ein Volk zu intelligent, wird es unregierbar.«

Zitieren wir Karl Jaspers:«Je mehr die Nation Masse wird, um so nötiger sind Eliten« oder Ernst Robert Curtius: »Für keine Staatsform sind Eliten nötiger als für die Demokratie«.

Vielerlei vergleichende Untersuchungen haben eine Leistungsdifferenz zwischen Gymnasien und Gesamtschule erbracht, immer zu ungunsten der Gesamtschule.

Die Labour Party hat bereits reagiert, und Tony Blair schickt seine Kinder nicht in die Gesamtschule. Der Niedersächsische Ministerpräsident hat es deutlich ausgesprochen: Ein Schüler der aus Bayern kommt, kann in Niedersachsen erst einmal drei Jahre zu Hause bleiben.

Politiker aller Couleur rufen nach mehr Geld für die Forschung und vergessen, dass die Forscher fehlen. Bundespräsident Rau mahnt die Bildung als wichtigste Voraussetzung für die Zukunft an und vergisst die eigene negative Bilanz im Lande Nordrhein-Westfalen. Geld ist nur ein Mittel zum Zweck. Bildung kann man nicht kaufen, Bildung muss man erwerben, sich erarbeiten und mitunter erquälen. Intelligenz ist auch nicht addierbar, auch 100 mittelmässige Studenten ergeben noch keinen Einstein. Bildung ist ein Lebensprozess, der im Kindesalter beginnt.

Das Genie Mozart wäre ohne den Vater nicht der geworden, den wir heute bewundern. In unserer Gesellschaft müssen andere Wertmassstäbe gesetzt werden. Die Leistung muss ihren Stellenwert wieder erhalten. Warum gibt es keinen Wettbewerb unter den Schulen und Universitäten. Nur jene Institutionen, die sich auszeichnen, erhalten besondere Fördermittel. Im Bereich der Bildung hat man allerdings oft den Eindruck, noch in der Zeit der deutschen Kleinstaaten zu leben, als Sachsen einen anderen Schulplan verfolgte als Preussen und der in Bayern wieder anders war als die beiden anderen. Der bundesdeutsche Föderalismus hat manchen Vorzug, aber im Falle der Bildung ist es eine verheerende Einrichtung. Auch die Kultusminister kommen nicht daran vorbei, dass wir keine abgeschottete Insel abgeben, sondern in einem grenzoffenem Raum in der Mitte Europas leben und der globale Wettbewerb nicht an uns vorübergeht. Die Verantwortlichen sollten Ordnung schaffen in den Schulen, auf die Ausbildung und Kontrolle der Pädagogen mehr Wert legen, einheitliche Massstäbe in der gesamten Bundesrepublik voranbringen und Leistung einfordern.

Es gibt ein exemplarisches Beispiel in unserer Geschichte. In der zweiten Hälfte des 19ten Jahrhunderts galt in unserer Gesellschaft nur derjenige etwas, der über eine möglichst humanistische Ausbildung verfügte. Diese Bildungseuphorie im Humboldt'schen Sinne brachte uns im ersten Jahrzehnt des 20sten Jahrhunderts 13 Nobelpreisträger und ein weltweites Ansehen in Wissenschaft und Wirtschaft ein. Der Ruf des »Made in Germany« entstammt nicht zufällig dieser Zeit.

Wir leben heute in einem gegensätzlichen Zeitgeist im Vergleich zur damaligen Gesellschaft. Heute steht das Geldverdienen im Mittelpunkt allen Strebens. Wer damals so dachte, wurde verächtlich als »Koofmich« verhöhnt, er war gesellschaftlich ein »outsider«. Die später einsetzende, ideologisch geprägte Angst vor einer »Elite« verhinderte eine Fortsetzung dieses so erfolgreichen Modells und wirkt bis heute, siehe Gesamtschule.

Heute haben wir es mit einer paradoxen Situation zu tun. Im physischen Bereich – im Sport – wird alles gefördert, was über der Norm liegt. Im geistigen Segment wird nur nivelliert. Eine, auf die Zukunft gesehen, katastrophale Einstellung.

Wir, die Deutschen, einst Vorbilder für Schule, Ausbildung und Lehre, sind ins absolute Mittelmass zurückgefallen.

Internationale Leistungs-vergleiche an Schulen (Tiss) und Universitäten oder im Arbeitsleben bestätigen diese Aussage. Der internationale Leistungsvergleich »PISA« ordnet die deutschen Schulen in das untere Ende der Skala. Im Leseverhalten und Textverständnis belegt Deutschland den vorletzten Platz.

Von diesem Ergebnis kann nur der überrascht sein, der blind durch unsere Zeit geht. Die Schule ist ein Teil unserer Gesellschaft, das Ergebnis ein Spiegelbild ihrer Verfassung. Wenn Leistung bei den Erwachsenen kein Thema ist, kann man nicht erwarten, dass die Kinder anders handeln.

Arbeit wird nicht als Aufgabe gesehen. Man jobbt, um Geld zu verdienen, und die Devise heisst, mit möglichst wenig Aufwand möglichst viel »Knete« machen. Dieses Vorbild prägt logischerweise auch die Kinder in ihrem Verhalten.

Weltmeister sind wir nur noch, wenn es um die Urlaubsfrage geht. Immer wenn Leistung gefordert wird, sind wir Mittelmass und darunter. Für die Masse der Bürger dokumentiert sich diese Situation am besten im Sport. Die jämmerliche Vorstellung unserer Kicker bei der letzten Europameisterschaft ist ein überzeugendes Beispiel.

Es gibt Länder die über hervorragende Ressourcen verfügen, sei es Erdöl, Erdgas, Gold-, Silber- oder Diamanten-Minen oder dergleichen. Damit können wir nicht aufwarten. Unsere Ressource war das Können, das Wissen und die Zuverlässlichkeit unserer Produkte. Das haben wir exportiert, darauf basiert unser Lebensstandard.

Was ist zu tun? Wir müssen uns rückbesinnen auf Fähigkeiten, die wir haben, Fähigkeiten, die uns Wohlstand und Sicherheit beschert haben.

Wir können dem Hedonismus in der Freizeit frönen, aber sonst müssen Vokabeln wie Disziplin und Respekt wieder ihren Stellenwert erlangen. Respekt hat nichts mit Kadavergehorsam zu tun, wie er gern von den 68ern übersetzt wird. Respekt ist die Grundlage jeder Gemeinschaft und ist die Basis für Toleranz.

Das umzusetzen ist die Aufgabe der Eltern und der Schule. Bildung ist mehr als reine Wissensvermittlung.

Bequem – Bequem – Arbeitslos

Die Überschrift sagt schon alles über die Kausalität der Begriffe. Wir bezeichnen uns als Leistungsgesellschaft und benehmen uns wie ein Freizeitclub.

Bei Einstellungsgesprächen sind, neben dem Gehalt, Fragen nach Arbeitszeit und Urlaub die wichtigsten Anliegen. Die Arbeit soll möglichst leicht sein, die Aufgaben sind zweitrangig. Nur nicht anstrengen, alles soll bequem zu erledigen sein.

Beispiele: Seit Jahrzehnten ist die Zahl deutscher Gastronomen rückläufig. In jedem kleinen Ort finden wir Italiener, Griechen, Jugoslawen, Türken oder Chinesen, die Restaurants oder Kneipen betreiben. Alles Lokalitäten, die zuvor von deutschen Landsleuten bewirtschaftet wurden. Warum der Wandel?

Der Beruf ist zu anstrengend. Keine 35-Stunden-Woche, kein langes Wochenende und ... und ... und. Da gibt es nur eine Antwort: Null Bock!

Ähnliche Situationen gibt es in vielerlei Berufen. Die ehemals selbständigen Bäcker mussten u. a. aufgeben, weil sie keine Bäckerlehrlinge bekamen. Morgens um vier Uhr aufstehen – nein danke!

In vielen kleinen und mittleren Betrieben ist die Nachfolgefrage nicht zu lösen. So schuften wie der Vater, kaum Urlaub haben und womöglich noch am Wochenende über den Büchern sitzen. Nein, nein, da lebt doch jeder Angestellte besser, und am besten der Beamte.

Notfalls gibt es auch noch die Versicherung vom Arbeitsamt.

Warum ist die Grünware beim Türken frischer als im Supermarkt? Weil da noch die Bereitschaft besteht, zu nachtschlafender Zeit auf den Grossmarkt zu fahren und für den Tag und nicht für die *Woche* die Ware einzukaufen.

Die Beispiele liessen sich noch weiterführen, insbesondere auf dem Gebiet der Landwirtschaft.

27 % der Arbeitslosen haben kein Interesse an einer Stellenvermittlung und bemühen sich selbst um keinen Arbeitsplatz, d. h. rund eine Million. Hier ist das Reservoir des »grauen Marktes« zu suchen. »Stütze« plus Nebentätigkeit ergibt ein steuerfreies und auskömmliches Einkommen, zu Lasten der Allgemeinheit..

Wir sind ein **sattes, bequemes Volk geworden,** in dem Leistungsbereitschaft auf allen Ebenen ein Fremdwort geworden ist. Mit möglichst geringem Einsatz möglichst viel Geld verdienen, ist die Devise! Die Arbeit ist keine Aufgabe mehr, man »jobbt«, um die »Knete« für den nächsten Urlaub zu verdienen.

Die Zeit für Bildung und Ausbildung wird vielfach als verlorene Zeit angesehen, da man da nicht genug verdient. In den Fachberufen hat dieses Denken zu Engpässen geführt, die man mittels »Green Card« zu lösen sich bemüht.

Wenn es schon in der Schule möglich ist, dass Kinder sich einfach verweigern, dem Unterricht fernbleiben mit der Rede: »Französisch interessiert mich nicht, nur Englisch«, und die Lehrkraft keine disziplinarischen Mittel hat, um dem gegenzusteuern, so braucht man sich über späteres Versagen nicht zu wundern. Nur das wird getan, was Spass macht. Alles ist selbstverständlich.

Hört man einem 25jährigen, der arbeitslos geworden ist, klagen: »Jetzt sind nicht einmal 14 Tage Mallorca drin«, oder ein junges, aus der Heimfürsorge entlassenes Mädchen fordert: »Jetzt brauch ich erst mal eine Wohnung und ein Auto«, so erübrigt sich dazu ein Kommentar. Anspruchsdenken überall. Wohnung, Waschmaschine, Fernseher, Auto gehören einfach zum Dasein. Notfalls wird das Sozialamt in Anspruch genommen, wozu ist es schliesslich da. Der Begriff »Leistungsgesellschaft« bedarf einer neuen Definition.

Arbeit soll Befriedigung schaffen und ist kein bequemes Spassvergnügen wie viele glauben. Diese Einstellung ist das Produkt einer falschen Erziehung, ist der Ausdruck fehlender Bescheidenheit und geistiger Armut. Wer sagt denn unseren Kindern, dass die Vorgeneration für den Lebensstandard, den sie geniesst, hart gearbeitet hat. Die Selbstverständlichkeit, mit der Auto, Waschmaschine, Fernseher u. a. hingenommen wird, ist erschreckend, wer sagt denn, dass diese technischen Errungenschaften mal eben 50 Jahre alt sind?

Die Vorgeneration hatte all die Dinge, die uns das Leben vereinfachen sollen, nicht gehabt, aber sie haben trotzdem gelebt, geliebt, gelacht und gelitten wie die heutigen. Die Frage: Was braucht der Mensch wirklich, um ein ausgefülltes Leben zu führen? Diese Frage wird nicht diskutiert, denn die Antwort lautet: »*GELD!*«

Diese fehlgeleitete Denkungsweise, dass alles selbstverständlich ist, ist die Basis fehlender Leistungsbereitschaft. Sie ist das Produkt mangelhafter Erziehung und setzt sich von der Schule fort über das Studium bis in den Beruf. Spass ist ein Teil unseres Lebens, aber eine Spassgesellschaft geht am Leben vorbei und wird sich nicht behaupten können. Vier Millionen Arbeitslose sind das Ergebnis.

Die verirrte Generation

Die geistige Krise, die uns erfasst hat, ist das Ergebnis der Wohlstandsgesellschaft. Kindern, denen jeder Wunsch erfüllt wurde, sind als Erwachsene masslos in ihren Ansprüchen. Wohnung, Auto, Urlaub und dergleichen gehören zum »Notwendigen«, alles selbstverständlich vom Besten.

Eine alleinerziehende Mutter von zwei Kindern, in einer Dreizimmerwohnung mit allem gut eingerichtet, jammert, dass sie den Kindern nicht alle Wünsche erfüllen könne, sie lebt von 1.400,– Euro Unterstützung. Ein Beispiel von Bedürftigkeit, lt. Untersuchung von Reichtum und Armut in der BRD. Wo ist hier der Massstab?

Karriere und Einkommen sind die wichtigsten Faktoren, denen alles geopfert wird – auch die Kinder. Ungeübt in der Meisterung irgendwelcher Pressionen des Lebens, ist jede Störung eine Katastrophe. Kommt in der Ehe ein Disput auf, ist es gleich ein Grund, den »Bund für's Leben« aufzukündigen. Gemäss der Zeit, in der der Individualismus gepredigt wird, schaut jeder nur auf seinen eigenen Nabel. Verständnis für den anderen ist ein Fremdwort. Aus dem Individualismus hat sich ein Egoismus bis hin zur Egozentrik entwickelt,

Von der Randale in der Ehe und Familie bis hin zum Mobbing am Arbeitsplatz herrscht überall ein Mangel an Solidarität. Das Ego steht überall im Vordergrund. Um das

Ego zu pflegen, muss Geld her, Geld bestimmt den Wert des Lebens.

Jeder Marketingmann weiss, Gewinnspiele in der Werbung, die nicht eine halbe Million Euro als Hauptgewinn ausweisen, kann man vergessen. Kein Wunder, wenn die Millionen so im Raum stehen, wenn Fussballer zweistellige Millionenbeträge verdienen, wenn Vorstandsvorsitzende mit 60 Millionen Abfindung entlassen werden, wenn Piloten, die im Monat 13.000,– Euro verdienen, 33 % mehr verlangen, wo soll da »Otto Normalverdiener« noch die Balance zum eigenen Einkommen finden?

Dem Moloch »Geld« wird freiwillig alles geopfert. Treue, Ehre, Ehrlichkeit, Anständigkeit, Hilfsbereitschaft, ja sogar die Liebe. Die Liebe – tragendes Element unseres christlichen Abendlandes – ist ersetzt worden durch den Begriff »Sex«. Da wird in der Boulevard-Presse ein Prominenter herausgestellt, der sich brüstet, 2 000 Frauen »gehabt zu haben«. Dieser Mann sollte nur nie den Begriff Liebe erwähnen. Was er da von sich gibt, ist eine Form von Onanie mit fremden Gegenstand. Aber Sex und alles damit Zusammenhängende füllt die Spalten der »Gelben Presse« und das Programm etlicher Fernsehsender, das Geschäft boomt.In der Arbeitswelt sollte die Arbeit wieder mehr als Aufgabe angesehen werden mit Zielen, die sich jeder selbst setzt. Das »Jobben« sollte die Ausnahme darstellen.

Wir müssen runter von der Vorstellung, wir seien der Nabel der Welt. Die Errungenschaften in Wissenschaft und Technik haben zu einer grenzenlosen Überheblichkeit geführt.Das menschliche Genom ist kurz vor seiner Entschlüsselung, wir werden die krankhaften Gene entfernen und allzeit gesund sein. Wir können die Zelle teilen, wir können sie manipulieren und Menschen klonen, ja wir beherrschen alles! In unserer Arroganz vergessen wir eines: Die Zelle, um die sich alles dreht, die können wir nicht schaffen.

Wir können einen Baum pflanzen, wir können ihn pfropfen, beschneiden, zum Spalierobst zwingen und letztlich fällen, aber das Samenkorn, aus dem alles entsteht, wo alles programmiert ist, können wir nicht erzeugen.

Die nüchternen Pragmatiker, die alles Entstehen mit dem Urknall und der Evolution erklären, können uns nicht sagen wo die Urzelle herkommt.

In dieser wunderbaren Welt sollten wir runter von unserer Überheblichkeit, wir sind wie Ameisen auf diesem Globus und nicht mehr. Wir sind mit einer Intelligenz ausgestattet, die wir leider oft sehr irrational einsetzen. Wir sollten der Schöpfung gegenüber – wie immer die Vorstellung auch beschaffen ist – unsere respektvolle Achtung erweisen, dann stellt sich automatisch eine gesunde Demut ein, die uns zu einer normalen Bescheidenheit führt, die die Voraussetzung ist zu einem friedvollen, vielleicht glücklichen Leben.

Die Sprache

Unsere Sprache, unser höchstes Kulturgut, gibt uns Auskunft über unser Niveau, wann immer die Kommunikation eine Rolle spielt. Gleichzeitig sagt sie viel über die geistigen und moralische Defizite aus.

In der politischen Auseinandersetzung, wie schon erwähnt, ist der Disput mitunter auf eine unerträgliche Ebene abgerutscht. Angriffe unterhalb der Gürtellinie sind keine Rarität mehr. Im Alltagsleben hat sich ein Jargon entwickelt, der im »Milieu« zu Hause ist, es ist die unterste Stufe der sozialen Stufenleiter. »Fuck you«, »Verpiss Dich«, »Arschloch« werden immer alltäglicher. Das Fernsehen ist hier der Vorreiter. Über die Verrohung der Sprache zur Verwahrlosung der Sitten, zur Brutalität im Alltag ist es ein Weg logischer Konsequenz.

Doch Stilfragen sind mehr als reine Konvention, sie sagen viel aus über die Verfassung der Gesellschaft und die Achtung untereinander.

Die Pflege der eigenen Sprache ist auch ein Ausdruck des Selbstwertgefühl *der Nation*. Statt das höchste Kulturgut zu pflegen, lassen wir es zu, dass immer mehr Anglizismen in unsere Sprache einfliessen. »Bankenviertel« ist genauso gut wie »banking district«, »City call« ist nicht besser als »Stadtgespräch«. Wenn wir auch in zwei Jahrzehnten mehr oder weniger zweisprachig sein werden, so müssen wir heute keine Anleihen diesbezüglich forcieren. Im vorigen Jahrhundert waren es die frankophilen Ausdrücke, die »in« waren. Inzwischen ist aus dem »Conducteur« wieder der Schaffner und das »Coupé« ist wieder zum »Abteil« geworden. Das lässt uns hoffen.

Eine weitere Aussage gibt uns die Sprache, wenn wir sie auf bestimmte Vokabeln und ihre Häufigkeit hin untersuchen. Begriffe wie *»Disziplin«, »Respekt«, »Verantwortung«, »Zuverlässigkeit«, »Ehrlichkeit«, »Mut« und »Treue«* um einige zu nennen, sind Raritäten geworden. Es ist richtig, dass mit manchem Begriff in der Vergangenheit Schindluder betrieben wurde, jedoch ist damit die Aussage nicht ad absurdum zu erklären.

Disziplin in der Arbeitswelt drückte sich in Pünktlichkeit und Exaktheit aus. Funktionstüchtige Produkte zum ausgemachten Liefertermin haben uns ausgezeichnet und den Ruf des »Made in Germany« begründet. Wenn heute ein Unternehmens- oder Betriebsleiter mehr Disziplin fordert, wird er kaum verstanden Der Begriff findet nur noch Anwendung zur Differenzierung sportlicher Übungen.

Respekt wird immer noch mit Obrigkeitsdenken verwechselt, das war gestern. Respekt ist eine notwendige Gegebenheit, um ein fruchtbares Miteinander zu gewährleisten. Es wird viel von Toleranz gesprochen, doch wie soll sie funktionieren, wenn der Nachbar, der Arbeitskollege, die Nächsten nicht respektiert werden? Respekt ist eine höchst seltene Vokabel in unserer täglichen Sprache geworden. Respekt vor den Eltern, dem Lehrer, den älteren Mitmenschen, ja vor der Schöpfung muss Grundlage jeder Erziehung sein!

Verantwortung hat jeder von uns zu tragen. Die Erwachsenen gegenüber den Kindern, der Gesunde gegenüber dem Kranken, der junge Mensch gegenüber den hilfsbedürftigen älteren Mitbürgern, der Verkehrsteilnehmer gegenüber allen anderen, die sich auf der Strasse bewegen. Doch wie sieht es in der Praxis aus? »**Ich** hab's eilig, geht **mich** nichts an, sollen die Eltern besser aufpassen«, »Warum muss die Oma auch hier über die Strasse gehen, zehn Meter weiter gibt es einen Zebrastreifen«, so und ähnlich klingt es im Alltag. »Ich hab's eilig, mich geht es nichts an«, sind dabei die entscheidenden Worte.

Wer für sich jede Verantwortung gegenüber der Umwelt und den Mitmenschen ablehnt, stellt sich ausserhalb der Solidargemeinschaft und sollte dann aber auch die staatliche Hilfe in einer Notzeit verlieren. Leider sind es dann diejenigen, die sich als die ersten am Schalter für Hilfe drängen. Erschütternd sind die Zahlen der Väter aus geschiedenen Ehen, die sich der Verantwortung für ihre Kinder entziehen. Die Egozentrik unserer Tage zeigt sich täglich im Alltagsleben, sie ist ein Abgesang an jede Solidarität. Damit handeln wir gegen alle Naturgesetze, denn da ist der Mensch ein Herdentier, und nur die Herde bzw. der Schwarm gibt Sicherheit.

Die Probleme der Zukunft werden nur in einer *solidarischen Gemeinschaftsleistung* zu bewältigen sein.

In unserer täglichen Umgangssprache sollten Vokabeln wie »bitte« und »danke« einen grösseren Einsatz finden, als es zur Zeit der Fall ist. Vieles Unschöne wird aus Amerika importiert, leider nicht die Freundlichkeit und Hilfsbereitschaft, der man dort überall begegnet.

Ein respektvolles Miteinander drückt sich zu aller erst in der Sprache aus.

Der Politiker

Jeder Arzt hat zu seiner Approbation den Eid des Hippokrates zu leisten, dabei geht es bei seiner Verantwortung jeweils nur um einen Patienten. Der Politiker dagegen steht für viele Bürger in der Pflicht und kann sehr viel Unheil anrichten.

Wo ist die allgemeinverbindliche Verpflichtung für den Politiker? Wo gibt es ein Credo, das für jeden, der im öffentlichen Amt steht, verbindliches Gesetz ist?

Im Gegenteil, oft genug geniesst der Politiker auch noch Immunität. So hat er einen Freiraum, der verführerisch ist und dem er leider auch oft genug erliegt.

In der Wirtschaft wird niemand eine Position erreichen ohne Nachweis einer entsprechenden Qualifikation. Wenn es darum geht, einen Abfluss zu reparieren, verlangt man einen Meisterbrief. Wenn einer ein politisches Amt anstrebt, fragt keiner nach seinen Fähigkeiten, er steht vom Stammtisch auf und geht ins Amt.

Es ist verständlich, dass in unserer Gesellschaft jemand, der Macht hat, auch nach Geld strebt, doch es lässt sich nicht mit der Aufgabe des Politikers vereinbaren.

Friedrich II (Der Grosse) hat einmal gesagt »Ich bin der erste Diener meines Staates.«

Der Satz wird heute vielfach umgekehrt: »Ich bin der erste Nutzniesser meines Staates«. Die Fälle von Korruption haben ein erschreckendes Ausmass angenommen, vom IOC über Brüssel bis zum Frankfurter Flughafen, vom Kreml über Genf bis New York reichen die Ereignisse, und das ist, nach Expertenmeinung, nur die Spitze des Eisbergs. Hier stimmt nichts, oder es sind die falschen Personen am falschen Platz.

Oder ist gar das System falsch? Wenn, wie in Amerika, die Lobby der Waffenproduzenten die Abgeordneten des Repräsentantenhaus so am Zügel haben, dass kein Gesetz gegen den privaten Besitz von Waffen durchkommt, wenn Opposition nur aus opponieren besteht, wenn Argumente durch Phrasen ersetzt werden, dann versteht das kein Bürger, er wendet sich von der Politik ab.

Die Verknüpfung von Partei und Amt ist grundsätzlich mit vielen Fragezeichen zu versehen. Welche Ziele soll der Parteipolitiker im Amt verfolgen?

Die Partei, seine Partei erwartet die Durchsetzung ihrer Vorstellungen. Mit dem Amtseid ist er jedoch der Gesamtheit verpflichtet. Drückt er die Interessen seiner Partei, die ganze 6 % hinter sich hat, durch, vergewaltigt er die übrigen 94 %. Eine fragwürdige Demokratie. Es ist ein gewaltiger Spagat vonnöten, und ein Meineid liegt sehr nahe!

Was sollte man von einem Politiker erwarten? In erster Linie Integrität. Es ist die Voraussetzung zum Vertrauen. Zweitens Fachwissen ob seiner Funktion, drittens eine Portion Lebenserfahrung und ein Fundus an Allgemeinbildung, die ihn erst befähigt, seinen Aufgaben gerecht zu werden. Ein Minister, der die politische Laufbahn über die Jugendgruppe seiner Partei vollzogen hat und dann aufgerückt ist, der niemals in der freien Wirtschaft tätig war, weiss nicht, über wen und was er entscheidet. Persönlichkeiten formt das Leben mit all seinen Höhen und Tiefen.

Hier liegt der grosse Unterschied zwischen den ersten Bundestagen unserer Republik und dem heutigen Parlament. Persönlichkeiten wie Adenauer, Schumacher, Dehler, Prof. Carlo Schmidt, v. Brentano und ... und ..., sind heute leider die grossen Ausnahmen. Es genügt die Debatten der damaligen Zeit in ihrem Gehalt mit den Heutigen zu vergleichen Es waren Männer einer Generation, die alle Höhen und Tiefen durchgemacht hatten. Sie alle haben irgendwann aus dem »Blechnapf« gegessen und wussten, was Hunger bedeutet, so haben sich Persönlichkeiten entwickelt. Die jetzige Generation der Parlamentarier, leider vorwiegend Beamte, kann nichts dafür, dass ihr Schicksal so viel leichter war. Doch sie sollte sich bewusst sein, dass sie als Vorbild viele Pflichten trägt. Wenn ein Minister den Parlamentspräsidenten »Arschloch« tituliert, sollte er gezwungen werden, sein Amt zur Verfügung zu stellen. Und wenn eine Ministerin Gleiches nutzt, um die Vertreter anderer Parteien zu diffamieren, begibt sie sich selbst ins Aus.

Hier müssen gesellschaftliche Zwänge eintreten, die derartige Vorkommnisse unterbinden. Das Volk will kein Parlament vom Hinterhof eines Slums.

Ob es dem Ansehen und der Reputation ehemaliger Minister zuträglich ist, neuerdings in Werbefernsehspots aufzutreten, ist eine Geschmackssache.

Eine Verführung für karrierehungrige »Politologen« ist zweifellos die überzogene Altersversorgung. Ein aktiver

Politiker sollte angemessen besoldet werden, denn sonst ist die Auslese negativ. Doch die Altersversorgung nach vier Amtsjahren ist unangemessen und in der freien Wirtschaft nicht erreichbar.

Wenn Sparen angesagt ist, müssen die gewählten Vertreter mit gutem Beispiel vorangehen, das betrifft nicht nur die Diäten. Um von Bonn nach Godesberg zu kommen, ist nicht unbedingt ein Hubschrauber vonnöten, und von Bonn nach Berlin müssen es nicht gecharterte Jets und Züge sein. Wer in der Wirtschaft anspruchsvolle Posten bekleiden will, muss die Flexibilität zum Ortswechsel mitbringen, das gilt auch für Staatsdiener.

Neo-Liberalismus

Seit dem Zusammenbruch des Kommunismus im Osten, seit dem Fall des »Eisernen Vorhangs« gebärdet sich der Kapitalismus geradezu orgiastisch. Um der Sache einen neuen Namen zu geben, nennt man es modern »Neo-Liberalismus«, besser wäre Kapitalismus pur.

Geld, Geld, Geld und seine Verehrung und Vermehrung ist die Triebfeder allen Handelns. Die Reihenfolge ist Rendite, Rendite und nochmals Rendite, erst im grossen Abstand folgt der Mensch. Noch gibt es die Fakultät »Volkswirtschaft« in unserem Sprachgebrauch, darin sagt das unmoderne Wort »Volk«, welche Funktion die Wirtschaft zu erfüllen hat. Wo bleibt Wilhelm Röpckes Maxime »Das Mass der Wirtschaft ist der Mensch«? Wird die Wirtschaft dieser Verantwortung gerecht? Ist es hinnehmbar, dass im Zuge der Rationalisierung immer mehr Arbeitsplätze gestrichen werden? Was hat die Allgemeinheit für einen Vorteil, wenn alles nur nach dem »shareholder value« ausgerichtet wird? Wenig, zu wenig, um auf Dauer zufrieden zu sein.

Hier besteht ein verhängnisvoller Kreislauf. Der Bürger von heute, speziell der verwöhnte Bundesbürger, möchte immer mehr, möglichst alles billigst haben. Damit unterliegt die Industrie dem Zwang, so kostengünstig wie möglich zu produzieren, und hat gleichzeitig die Ausrede, warum sie ihrer gesellschaftlichen Aufgabe nicht nachkommen kann.

Hier spielt die »Globalisierung« eine entscheidende Rolle. Wenn die Produktion in Europa oder Amerika zu teuer ist, geht man eben nach Asien oder vielleicht auch nach Afrika. Doch eines Tages besteht die Gefahr, dass die Abnehmer in Europa ausbleiben mangels konsumtiv verfügbarem Einkommens. Wenn heute die Rede ist von der 20 : 80 Gesellschaft, d. h. 20 % haben alles, 80 % müssen sehen, wie sie zurechtkommen, so ist diese Vision keine Utopie.

Die »Globalisierung« und der sogenannte »freie Markt« sind die strategischen Konzepte des Kapitals. Gross schlägt Klein, der Kapitalkräftigere schluckt den Schwächeren. Fusionen dienen dazu, die Marktbeherrschung zu erzielen. Die Banken, vorneweg die Grossbanken, sind nur noch an der Industrie interessiert. Mittelstand und Gewerbetreibende werden als Belastung empfunden. Als Funktionsträger im ökonomischen Kreislauf stehlen die Banken sich aus der Verantwortung.

Das Unternehmertum und jede Unternehmenskultur bleiben auf der Strecke. Investmentgesellschaften bestimmen die Wirtschaft. Manager werden wie Schachfiguren rund um den Globus eingesetzt. Ihre Aufgabe besteht in der Vermehrung des eingesetzten Kapitals, erfüllen sie diese Vorgabe ungenügend, werden sie – mit entsprechender Abfindung – gefeuert. In diesem Szenario gibt es keine »Volkswirtschaft«, nur eine »Ertragswirtschaft«. Will eine Regierung steuernd eingreifen, so wird sie erpresst. Sie muss Zusagen in Form von Grundstücken, Strukturhilfen und dergleichen machen, wenn sie Arbeitsplätze erhalten will. Hier geht das strategische Konzept auf. Was will eine regional operierende Regierung oder Institution gegen das weltweit agierende Kapital ausrichten? Nach dem Motto: Bist du nicht willig, dann gehe ich woanders hin! Ein Faktor, dem auch die Gewerkschaften, Umwelt-organisationen und andere ausgesetzt sind.

Der Kapitalismus, die ökonomische Form des Egoismus, führt zu einer immer intensiveren Form der Kapitalbildung in wenigen Händen. Wenn der amerikanische Historiker Eric Hobsbawn schreibt:«Die 200 reichsten Personen bringen einen Vermögenswert von 1.000 Milliarden Dollar auf«, so fragt es sich, wo gibt es Grenzen?

Diese Summe entspricht dem Bruttosozialprodukt von China, einem Land mit rund einer Milliarde Menschen. Sicherlich gibt es Vertreter, die es ganz in Ordnung finden, wenn 2 % der Bevölkerung 60% des Volksvermögens kontrollieren, wie es 1914 in Amerika war. Die Zeit ist jedoch vorangeschritten und Amerika ist nicht überall. Was im Land der unbegrenzten Möglichkeiten hingenommen wurde, gilt nicht für Europa. Das soziale Denken, nicht der Sozialismus hat in Europa einen anderen Stellenwert, und die in sich homogenenVölker werden auf die Dauer nicht zusehen und darben. Die Kapitalisten müssen sich ihrer **Verantwortung** bewusst werden, sonst werden die Französische Revolution und die Oktoberrevolte in Russland zu kleinen Episoden in der Geschichte.

Eine Kontrolle der weltweiten Finanzströme ist eine Voraussetzung, um wirtschaftliche Verwerfungen zu verhindern. Es ist eine der grossen Aufgaben für die UN, denn kein Staat kann hier alleine die Weichen stellen.

Das freie Spiel der Kräfte

Wenn der Schwergewichtler dank seiner physischen Kräfte das Leichtgewicht an die Wand drückt und fertigmacht, sprechen wir vom »Faustrecht«, jener archaischen Form des Rechts. Wenn ein »Grosser« im Markt, dank seiner enormen Finanzmittel und seiner Marktposition, den »Kleineren« schluckt, nennt man das Freie Marktwirtschaft.

Jahrhunderte alte, gewachsene Regeln haben ihre Gültigkeit verloren oder werden sie verlieren. Das immer wiederkehrende Argument »zum Wohle des Verbrauchers« ist sehr zweischneidig. Der Lebensmittelhandel hat die Vorreiterrolle gespielt. Der »Tante Emma-Laden« ist tot. Der Existenzkampf der Handelsriesen mit ihren Supermärkten ist mörderisch. Weitere Fusionen oder Übernahmen werden in absehbarer Zeit erfolgen. Letztlich sind regionale Monopolstellungen nicht auszuschliessen. Der Vorteil für den Verbraucher ist dann sehr fragwürdig.

Abgesehen von den Preisen wird die flächendeckende Versorgung lückenhaft und die Wege zum Einkauf immer weiter. Speziell für ältere Mitbürger ein Problem. Die Handelsriesen streben nach der Grösse, denn davon hängt ihre Einkaufsmacht ab. Mittelständige Zulieferer werden erpresst, Preise diktiert. Der Mittelständler ist in Abhängigkeit geraten und muss aufgeben, die Grössenordnungen sind zu unterschiedlich. Der Unbedarfte denkt noch an eigenständige Produkte, wenn er Markennamen wie

Bärenmarke, Glücksklee, Kathreiner, Libby's, Alete, Motta, Maggi, Herta, Dörfler, Kitikat, Nuts, After Eight, Smarties oder Dallmeiers Prodomo liest, doch gefehlt. Es ist die keineswegs vollständige Liste der Produkte, die zum Hause »Nestlé« gehören. Das gilt ebenso für die Konzerne »Procter & Gamble« oder »Maizena«. Hinter allen diesen einzelnen Marken standen einmal selbständige, mittelständige Firmen. In der Technik sieht es nicht viel anders aus. Auch dort wachsen die Konglomerate, speziell aus dem Bereich der Automobil-Zulieferfirmen.

Im Verlagswesen konzentriert sich alles auf drei Grossverlage: Bertelsmann, Holtzbrink und Springer. Die Entwicklungen im Bereich Optiker und Parfümerien kann jedermann wahrnehmen.

In zehn bis fünfzehn Jahren wird der selbständige Einzelhandel zur Bedeutungslosigkeit geschrumpft sein.

Was bedeutet diese Entwicklung für die Verbraucher? Der Mittelstand in der Industrie, wie auch der im Einzelhandel, wird immer mehr ausgedünnt, wird unbedeutend in seinem Einfluss. Der selbständige »Unternehmer« wird zu einem Relikt aus vergangenen Tagen. Der Manager, der nun das Sagen hat, ist nie ein Unternehmer, denn er trägt im allgemeinen kein Risiko und ist nur Erfüllungsgehilfe der Aktionäre, diese bestimmen über sein Schicksal. Er ist ein abhängiger Angestellter in gehobener Position. Diverse Geschehnisse in der Vergangenheit belegen die Schieflage. Werden Verluste produziert, wird der Manager ausgewechselt und erhält seine gut dotierte Abfindung. Die Zeche zahlen die Mitarbeiter meist durch den Verlust ihrer Arbeitsplätze.

Es ist kein Geheimnis, dass es der Mittelstand war, der den Staat überwiegend finanziert hat, der auf dem Sektor Innovation die entscheidenden Impulse gesetzt hat, der, um mit Churchill zu sprechen, die Lokomotiven in der Wirtschaft waren und noch sind. Doch mit schwindender Potenz geht der Einfluss zurück. Aus dem unabhängig denkenden und handelnden Selbständigen wird ein manipulierbarer Staatsbürger. Der freie Unternehmer war nicht immer der bequeme Staatsbürger, aber er stand engagiert zu seinem Betrieb, seinen Mitarbeitern und zu seinen Produkten. Sein Betrieb war und ist seine Existenz und Lebensaufgabe, um die er kämpft, im Gegensatz zum Manager.

Der gravierende Unterschied zwischen Unternehmer und Manager ist die Denkweise. Der Unternehmer verteidigt seine, vielleicht in Generationen aufgebaute Firma und plant für die Zukunft. Er investiert heute, um morgen mithalten zu können. Der Manager hat die Peitsche der Aktionäre im Rücken, die kennen nur ein Ziel, einen ansehnlichen Ertrag, ihren shareholder value. Personal abbauen, Investitionen vergessen, und schon stimmt die Rechnung. Damit ändert sich die Gesellschaft. Neuerdings will die Regierung diese Entwicklung in der Steuerreform noch »subventionieren«.

Dass die Wirtschaft für die Menschen da sein soll, ist Makulatur. Im Kapitalismus ist es dem Aktionär, der vielleicht in einem anderen Kontinent lebt, völlig gleichgültig, was mit den Mitarbeitern und der Umwelt passiert.

Das Prinzip *Verantwortung* hat keinen Stellenwert!

Wachstum

Der oft und gern beschworene Faktor Wachstum, der in vielen Kommentaren das alles bestimmende Mittel ist, den Arbeitsmarkt zu beeinflussen, ist ein fragwürdiges Element: Schon der »Club of Rome« hat vor seiner überzogenen Einschätzung gewarnt. Eine alte Volksweisheit sagt: »Es wird dafür gesorgt, dass die Bäume nicht in den Himmel wachsen.«

Die Arbeitsmarkt-Theoretiker verlangen 3 % Wachstum, denn erst dann ist ein Einfluss auf die Arbeitslosenzahl spürbar. Die Praxis zeigt jedoch nur 1–2 % Steigerung und in jüngster Zeit werden nicht einmal diese Zahlen erreicht.

Die Frage stellt sich: Wo soll das ewige Wachstum herkommen in einer Gesellschaft, die schon alles hat?

Beispiel: Automobilabsatz.

Statistisch kommen auf jedes Fahrzeug 1,6 Bürger, d. h. mehr als jeder zweite fährt ein Auto. Damit dürfte eine Marktsättigung erreicht sein. Neue, bessere, schnellere, sicherere Wagen werden gekauft werden, aber es sind jeweils nur Ersatzfahrzeuge.

Ähnlich sieht es bei anderen Produktlinien aus.

Also müssen neue, innovative Produkte her.

Die Zyklen neuer Entwicklungen werden immer kürzer. Benötigte das Fernsehen noch 40 Jahre Entwicklung, vom Prototyp bis zur Marktsättigung mit ausgereiften Geräten, so reichte bei der CD ein Jahrzehnt dazu, und beim Handy waren es nur noch 3.Jahre. Der allzu schnelle Durchbruch des Handys hat sogar einen Börsencrash mitverursacht.

Selbst in der jüngsten Sparte, der Informationstechnologie, ist vielfach eine Ernüchterung eingetreten. Die Überkapazitäten bei Computer und bei Chips drücken nicht nur die Aktienkurse, sie führen auch zu betriebsbedingten Kündigungen.

Ein weiteres Regulativ ist der Konsument. Entweder hat er schon alles oder er ist in seinen finanziellen Möglichkeiten überfordert.

Fazit: Immer wieder auf den Faktor »Wachstum« zu setzen, wird auf die Dauer nicht aufgehen.

Es müssen Konzepte her, die auch bei konstantem Markt eine sinnvolle Arbeitsteilung gewährleisten.

Die Zocker

Wenn in der Hinterstube einer »Kneipe« im Bahnhofsviertel gepokert wird, kommt die Kripo, nimmt die Spieler fest, und es kommt zur Anklage.

Dabei handelt es sich um einen Zocker, der meinte er sei besser als die Profis. Verliert er, ist es sein alleiniger Verlust.

Nur wenige Strassenzüge weiter ist das Zocken höchst ehrenwert und profitabel.

An der *Börse* sind die Einsätze um einiges höher, und es geht nicht nur um das Schicksal eines einzelnen, sondern mitunter um ganze Volkswirtschaften.

Die Börse als Kapitalgeber für die Industrie hat unbestritten ihre Aufgabe.Aber dient dass, was sich in den letzten Jahren des vergangenen Jahrhunderts dort abspielte, noch der Aufgabe?

Nach Meinung der Fachleute dienen noch 5 % des Börsengeschehens der historischen Aufgabe, alles andere ist Spekulation. Es ist eine riesige Seifenblase, doch jede Blase hat ihre Grenzen und platzt irgendwann.

Wenn der »Dax« im Januar 1997 bei 2 700 Punkten stand und Ende 1999 bei 5 300, so ist das eine wertmässige Verdoppelung. Keine der im Index geführten Industrien hat aber in dieser Zeit ihre Anlagen, ihren Umsatz oder ihre Aktiva verdoppeln können, d. h. die Wertsteigerung ist rein fiktiv und hat keine Basiswerte, es ist im Grunde Luft!

All das könnte einem völlig egal sein, solange es nur die Zocker betrifft, doch da ist der kritische Punkt: Geht eine Spekulation nicht auf, so werden die daraus entstehenden Belastungen weitergereicht.

Ein Beispiel: Die amerikanische Dependance der Metallgesellschaft spekulierte in Erdöl. Der Markt entwickelte sich anders als erwartet, es entstand ein Verlust von einigen zehn Millionen. Der Konzern kam ins Schlingern und wird in Einzelgesellschaften aufgesplittet. Die Deutsche Bank schiesst 20 Millionen ein, und einige hundert Arbeitsplätze werden gestrichen. Mit dem Verlust vieler Arbeitsplätze zahlt der kleine Mann die Zeche, und die Deutsche Bank holt sich die Einlage über Gebührenerhöhung von einer Vielzahl von Kunden zurück. Der verantwortliche Manager tritt mit einer wohldosierten Abfindung ab.

So bedauerlich dieser Vorgang für die Betroffenen auch ist, er ist ein kleiner Fisch gegenüber den horrenden Risiken der amerikanischen Hedge-Fonds. Mit einem Einsatz von einer Milliarde werden 100 Milliarden Dollar im Devisengeschäft bewegt. Summen, die selbstverständlich die Kurse beeinträchtigen, steigt er um einen Cent, so ist der Gewinn 1 Milliarde Dollar.

Diese Spekulationen, die sich heute schon in Billionengrösse täglich um den Erdball abspielen, bringen ganze Volkswirtschaften in den Abgrund. So hat Herr Soro mit seinem Hedge-Fonds die Asienkrise ausgelöst und das englische Pfund zur Abwertung gezwungen. In Indonesien und Malaysia sind soziale Unruhen die Folge.

Einer der wenigen Politiker, die es gewagt haben, den Finger auf die Wunde zu legen, ist Lafontaine, der eine stärkere Kontrolle der internationalen Finanzmärkte verlangte. Doch der amerikanische, leider nur fast allmächtige Chef der amerikanischen Notenbank, Greenspan fürchtet dann eine Abwanderung der Fondsverwaltungen auf die Bermudas, womit jede Kontrolle aufgehoben wäre. Hier dokumentiert sich die Frage nach der Macht? Bestimmen noch die Regierungen, oder steht das Kapital ausserhalb des Rechts? In diesen Fragen kann kein Land, kein Europa, ohne Amerika Direktiven ergreifen. »Alle Macht dem Kapital« geht nicht gut. Es wäre eine zentrale Aufgabe für die UNO.

Es geht nicht an das die Gewinne privatisiert und die Verluste sozialisiert werden. Es müssen Wege gefunden werden, die das marodierende Kapital in investive Kanäle leitet und die Spekulation uninteressant macht. Zuerst sollte der Einsatz von Krediten im Rahmen der Spekulation eingegrenzt oder gar untersagt werden.

Auch hier hat die Verantwortung einen Stellenwert. Der Kapitalbesitzer ist ein Teil der Gesellschaft, ohne sie ist er ein Nichts, so ist er aber auch der Gesellschaft gegenüber verpflichtet. Seine psychologisch bedingte Egozentrik muss er einschränken, oder es müssen Gesetze geschaffen werden, die da nachhelfen.

Das Europa des 21sten Jahrhunderts wird, auch nach den misslungenen Versuchen im 20sten Jahrhundert, den Gedanken des sozialen Ausgleichs nicht vergessen.

Arbeit

Leben wir, um zu arbeiten, oder arbeiten wir, um zu leben?

Eine oft geäusserte Frage. Sie ist so unsinnig, weil sie nicht stimmt. Die Arbeit ist ein elementarer Teil unseres Daseins. Die Arbeit als Aufgabe zu betrachten, sie umzusetzen in Produktivität schafft Befriedigung und Erfüllung. Wer die Arbeit so betrachtet, dem fällt sie nicht schwer, im Gegenteil, er hat Spass daran.

Wer dagegen die Arbeit nur als Mittel zum Zweck sieht, um den nächsten Urlaub zu finanzieren, der spricht nur noch vom »Malochen«, ist mürrisch und unzufrieden, seine Leistungsfähigkeit ist begrenzt, damit sinkt sein Stellenwert in der Arbeitswelt, nicht selten ist Krankheit die Folge.

50 Jahre Wohlstand mit zeitweiser Vollbeschäftigung haben die Arbeitsmoral verändert. Aus der Arbeit wurde ein »Job« mit dem Ziel, möglichst viel »Kohle« zu machen. Auch die Treue zum Betrieb zählt nicht mehr, wenn es nebenan eine Mark oder auch Euro mehr gibt. Jemand der in den 50er Jahren einen Betrieb aufgebaut hat und das gleiche nochmals in den 80er Jahren vollzogen hat, kennt die Unterschiede.

In den Anfangsjahren des Wirtschaftswunders stand der Auftrag, das Objekt und seine termingerechte Fertigstellung, im Vordergrund. Es spielte keine Rolle, wenn eine

Nachtschicht eingelegt werden musste, die Erfüllung der Aufgabe stand im Vordergrund. Da wurde angepackt!

In den 80er Jahren war es schon problematisch, wenn der Feierabend von 16.30 auf 18.00 Uhr verschoben werden musste. Mit Sicherheit stand eine private, unaufschiebbare, Belanglosigkeit dem im Wege. Vom Teamgeist wurde und wird immer viel geredet, doch wenn es darauf ankommt, rangiert das Private immer vor der Aufgabe.

Freizeit, Vergnügen und Spass haben ist bei vielen, leider allzu vielen in den Mittelpunkt ihres Daseins gerückt, sie haben vergessen, dass das Vergnügen zwar Abwechslung bringt, aber keine Befriedigung schafft.

Um diesem Hedonismus nachzugehen, wird auch Arbeitslosigkeit in Kauf genommen.Mit der »Stütze« und ein wenig Schwarzarbeit stimmt die Rechnung unter dem Strich, sowohl materiell als auch an Zeit.

Die sozialen Zugeständnisse, speziell in der Zeit der Vollbeschäftigung, erlauben zu vielen, auf Kosten der Gemeinschaft zu leben. So haben wir heute eine 40 zu 60 Gesellschaft, d.h. 40 % erbringen Leistung und 60 %, zumindest ein grosser Teil davon., leben von den grosszügigen Gaben der Allgemeinheit, sie sind die Parasiten der Solidargemeinschaft. Wenn – lt. Untersuchung des Arbeitsamtes – 27 % der Erwerbslosen an keiner Vermittlung interessiert sind und sich selbst auch um keine feste Stelle bemühen, so bestätigt sich das oben gesagte. Das soziale Netzwerk steht im Hintergrund und lähmt die Eigeninitiative.

Wenn die Bild-Zeitung schon als Headline »Wer arbeitet ist blöd« schreibt, so erübrigt sich dazu ein Kommentar.

Die Arbeit verschlingt den meisten Teil unserer bewussten Lebenszeit, sie ist darum eine Aufgabe und sollte als solche gesehen werden. Eine Leistung erbringen, etwas schaffen worauf man stolz sein kann, heisst eine Befriedigung erfahren, die das Leben prägt. Die Erziehung dazu muss spätestens in der Schule erfolgen, auch Lernen ist eine Aufgabe die Freude und Erfüllung bietet.

Die Antreiber

Ist es Sturheit, geistige Armut oder ein Verklemmtsein in alten Vorstellungen?

Diese Frage muss man sich stellen, wenn man die Politik der Gewerkschaften über 50 Jahre Bundesrepublik verfolgt. Alle zwei bis drei Jahre, manches Mal sogar jährlich der sich immer wiederholende Tarifpoker.

Wenn 6 % gefordert wurden, schloss man bei ca. 4 % ab. Dann dauerte es ca. acht Wochen und die Industrie erhöhte die Preise ihrerseits um 5 %. Ein Jahr später stellte das Statistische Bundesamt eine Erhöhung der Lebenshaltungskosten von 5 – 6 % fest, und die Gewerkschaft hatte erneut das Argument der anzupassenden Lohnforderung. Ein verrückter Kreislauf. Auf diese Art schaffte man es, dass 1 DM von 1960 heute noch 0,15 Euro sind. Verloren haben in erster Linie die Sparer und in zweiter Linie alle, denn die Inflationsrate hat hier ihren Hauptgrund.

Der Arbeitnehmer hat real nur geringfügig partizipiert. Rechnet man die Inflationsrate und die Lohnsteuer ab, so bleibt etwa 1 % übrig. Die Herren der Gewerkschaft waren stolz ob dieses Ergebnisses und klopften sich selbst auf die Brust. Boten sie doch somit den Beweggrund zur Mitgliedschaft in der Gewerkschaft und sicherten zugleich ihre Gehälter und Pensionen.Der Finanzminister hatte gegen dieses Pokerspiel auch nichts einzuwenden, denn 1 % mehr Lohnsteuer schaffte schon vorkalkulierte Luft im engen Etat.

Die Gewerkschaft, fest verwurzelt in ihren ideologischen Prinzipien der letzten Jahrhundertwende, blieb bei ihrer (einstmals sinnvollen) Aufgabe, das Inkassobüro der Arbeitnehmerschaft zu sein, ohne die Veränderung der Welt zu bemerken. Man ignorierte die Veränderung des Mitgliederstammes. Die Revolution in der Arbeitswelt wurde ebensowenig wahrgenommen. Arbeiteten noch vor zwei Jahrzehnten 80 % in der industriellen Fertigung, so sind es in Zukunft nur noch 20 %. Der Umstieg ins Computerzeitalter und damit in die Automation ist lange verschlafen worden.

Das Hinführen auf die neue Situation sowie unterstützende Umschulungen auf die neue Technik sind Aufgaben, die einer solchen Institution obliegen. Das setzt allerdings voraus, dass man die Verantwortung für die grosse »Familie« ernst nimmt. Reine Inkasso-Tätigkeiten und Pflege des eigenen Einkommens á la Herrn Steinkühler sind zu wenig.

Dass die Mitarbeiter eines Unternehmens Anteil am Geschäftserfolg verdienen, sei unbestritten. Das umzusetzen sollte Aufgabe der Gewerkschaft sein, aber nicht durch sture lineare Tarifpolitik. Warum hat man nicht längst einen Modus gefunden, der an die Dividende gekoppelt ist, der grundsätzlich ergebnisorientiert ist? Seit 50 Jahren ist die Tarifpolitik eine Einbahnstrasse zur Lohnsteigerung.

Die Abschlüsse richteten sich nach den Gegebenheiten der Grossindustrie, natürlich flächendeckend. Die Industrie kann die Belastungen durch Rationalisierungsmassnahmen auffangen, die kleinen und mittleren Betriebe dagegen haben diese Möglichkeit nicht und mussten stöhnend mithalten. Dreissigtausend Insolvenzen finden hier vielfach ihre Begründung. Die Politik bemüht sich, die Mittelstandsfirmen steuerlich zu entlasten, um Arbeitsplätze zu schaffen, die Gewerkschaft steuert den Gegenkurs, sie verhindert Arbeitsplätze.

Wie wenig sinnvoll die Wege der Gewerkschaftspolitik sind, müssten eigentlich die Erfahrungen im eigenen Haus belegt haben. Die unrühmlichen Ergebnisse mit der BfG, der Neuen Heimat oder der »Co op«, sollten genug Erfahrung vermittelt haben.

»Wer zu spät kommt, den bestraft das Leben«, hat Gorbatschow gesagt, wer die Zeichen der Zeit nicht versteht, dem wird es genauso ergehen. Flexibilität ist gefordert. Auch die Gewerkschaft muss einsehen, dass es in der Wirtschaft keine Einbahnstrasse gibt. Wenn die Industrie grosse Gewinne einstreicht, will die Gewerkschaft daran teilhaben, wenn jedoch Verluste zu verzeichnen sind, schweigt sie sich aus. Unverständlich die Haltung der ÖtV, alle Kommunen machen Verluste, manche sind betriebswirtschaftlich pleite, doch die ÖtV fordert 5 % – 6 % Aufschlag.

Dabei liegen die Einkommen im öffentlichen Dienst keineswegs mehr hinter der gewerblichen Wirtschaft zurück. Die Kommunen nehmen Geld in Form von Pfand- und Schatzbriefen auf, um weiter wirtschaften zu können, und müssen rationalisieren, das heisst, sie müssen Personal einsparen, auch eine Form von »Jobkiller«. Bei vielen Kommunen machen die Personalkosten etwa 50 % aller Ausgaben aus. In Berlin verschlingen die Personalausgaben sämtliche Einnahmen.

Die heutige Staatsschuld von 0,9 Billionen Euro hat zu wesentlichen Anteilen, hier ihre Begründung.

Die Gewinne der Staatsdiener, insbesondere der Beamten, werden sozialisiert, denn bezahlen müssen es alle in Form von erhöhten Gebühren und Abgaben. Immerhin sind 17 % aller Arbeitnehmer beim Staat unter Vertrag.

Die permanenten Forderungen nach mehr Lohn, Urlaub, Kündigungsschutz und so weiter haben zum Exodus der Arbeitsplätze geführt. Von den vier Millionen Arbeitslosen gehen beträchtliche Anteile auf das Konto der Gewerkschaften.

Auch das kleine »1 x 1« der Arbeitszeitverkürzung ist so widersinnig. Wenn sechs Mann beschäftigt sind und jeder arbeitet zum gleichen Lohn fünf Stunden weniger, so ist ein Platz für den siebenten geschaffen worden. Der Faktor Produktverteuerung, der entscheidende Punkt in der Betrachtung des Standortes Deutschland, wird hier völlig ausser acht gelassen. Wir sind keine Insel mehr! Wir sind eingebettet in einen Kreis von Mitbewerbern ringsum. Das Rezept muss anders lauten: damit die Haushalte in der BRD nicht zusammenstürzen, muss das Einkommensniveau soweit wie möglich gehalten werden. Trotzdem müssen wir alles daran setzen, in der Produktion günstiger zu werden, d. h. wir müssen für dasselbe Geld mehr arbeiten! Ein Vorgehen,das in anderen Ländern schon normal ist.

Die Gewerkschaft sieht einer problematischen Zukunft entgegen. Als regional operierende Institution steht sie einem global agierenden Kapital gegenüber.

»Folgst du nicht willig, so gehe ich woanders hin« wird

der Tenor der Zukunft auch hier sein. Ein europäischer Gewerkschafts-Dachverband ist die zwingende Forderung der Zeit, will die Gewerkschaft nicht ganz ihre Macht verlieren. Die Entwicklung im Zuge der Globalisierung braucht dringend eine moderne, aufgeschlossene und flexible Gewerkschaft – sie muss anders sein, sie muss sich der Zeit anpassen.

Seit Jahrzehnten wird die Frontstellung – hier Arbeitgeber, da Arbeitnehmer – gepflegt. Wird es kritisch, wie z. Z. auf dem Arbeitsmarkt, schreit man nach einem »Bündnis für Arbeit« und will den tiefen Graben zuschütten. Warum denn erst das viele Graben? Jeder braucht den anderen, keiner kommt allein zurecht. In der Wirtschaft gibt es, im Gegensatz zu mancher politischen Entscheidung, Fakten, die eine pragmatische Lösung erzwingen. Ideologische Betonmentalität hilft hier nicht weiter, Flexibilität und Verantwortungsbewusstsein sind gefragt.

Die Schule der Nation

Das Fernsehen ist das zentrale Informations- und Unterhaltungsmedium der Zeit. Kein Politiker, kein Künstler und kein Journalist kann darauf verzichten,sofern er nach Popularität strebt. Was über den Bildschirm läuft, kommt in die letzte Wohnstube, differenziert nicht, ob Kinder, Erwachsene, ob Intelligente oder Schwachsinnige davorsitzen.

Wenn man Schillers Ausspruch – vom Theater als moralische Anstalt –zugrunde legt, so erwächst den Fernsehmachern eine schier unendliche Verantwortung, jedenfalls theoretisch!

In der Praxis wird leider alles auf den Kopf gestellt. Wenn der Starke gegenüber dem Schwachen, der Gesunde gegenüber dem Kranken Verantwortung trägt so trägt der Wissende gegenüber dem Unwissenden eine riesige Last, die Verantwortung heisst.

Der Kinderschänder, im Wissen um die Verführbarkeit des Kindes mit Schokolade und Bonbons, nutzt diese Kenntnis, um sein schändliches Tun zu vollbringen.

Die Fernsehleute kennen die niederen Instinkte, die Schwachstellen der Menschen und beuten sie hemmungslos aus.

Sex und Crime, Klatsch und Tratsch und jede Menge Geistloses wird offeriert. Hauptsache, die Einschaltquote stimmt, und damit der Umsatz im Werbegeschäft. Im Grunde nichts Neues. Schon die alten Römer fütterten zum Wohlverhalten der Massen das Volk mit »panem et circenses«. Waren die Vorstellungen im Kolosseum zunächst unterhaltsame Darbietungen, so steigerte sich die Schau in die Brutalität. Gladiatoren wurden den Löwen zum Frass vorgeführt. Es geschah im Endstadium des Römischen Reiches.

Die Römer kannten aber noch nicht Sigmund Freud. Heute wird nach den Erkenntnissen der Tiefenpsychologie verfahren und alles aus dem Untergrund der menschlichen Seele vermarktet.

Die Ausschöpfung dieses Wissens, die daraus folgende Verführbarkeit der Menschen, ist die Umkehrung des Prinzips der Verantwortung.

Wenn Herr Thoma in einer Fernsehdiskussion – um die Grenzen des Fernsehens –das Argument bringt: » Meine Herren, ich weiss nicht, was Sie wollen, wir sind ein Wirtschaftsunternehmen und müssen bringen, was der Markt verlangt«, so ist dies eine kulturelle Kapitulation. Es ist die Moral kolumbianischer Drogenbosse, die auch nichts anderes tun: Sie liefern, was der Markt will. Dabei ist die Wirkung eines chemischen Giftes greifbarer zu bekämpfen als die perfide Wirkung einer geistigen Droge.

Wie weit will das Fernsehen noch gehen? In alten Derrickproduktionen wurde die Lage des Mordopfers durch Umrisszeichnungen am Tatort gezeigt. Heute wird das Opfer blutüberströmt in Gross- und Nahaufnahme ins Bild gesetzt.

Seit einem Herrn Schimanski haben alle Kriminalbeamten einen Zwei-Tage-Bart, benehmen sich wie Vertreter aus der Unterwelt, gehen mit ihren Zeuginnen ins Bett, und zu ihrer Fäkaliensprache kann man nur sagen: »Zum kotzen, verpiss dich«.

Wenn ein junger Mann in einem Film zu einer jungen, hochschwangeren Frau sagt: » Na, Baby, haben sie dir einen angejubelt«, so fragt man sich: Wo ist die Grenze der Geschmacklosigkeit?

Seitdem »Dallas« und »Denver« erfolgreiche Serien waren, ist das Intrigenspiel auch nicht mehr fortzudenken. Jede Zeit entwickelt immer spezielle Ausdrücke, sie sagen auch viel über die Gesellschaft aus. Für den Ausdruck »Mobbing« bestand offensichtlich ein dringender Bedarf.

Die Talkshows am Mittag oder frühen Nachmittag mit geistig anspruchlosen Gästen sind ein weiteres Menetekel. Oft werden die Probanden bis zur Lächerlichkeit deklassiert. Es ist vielfach widerlicher Zwist auf unterster Ebene.

»Big Brother« ist elektronischer Voyeurismus, ein Tiefpunkt der Fernsehgestaltung Es ist der Verzicht auf jedwede Intimsphäre, der Mensch wird seiner Persönlichkeit beraubt und wird zur Masse. Das damit auch die Schamschwelle weit in den Hintergrund gerückt wird, stört offensichtlich niemanden. Am wenigsten die Fernsehgewaltigen sie brauchen die »Masse«, dann stimmt's in der Kasse. Die Masse aber ist die Unterklasse, ihre Ansichten über Moral und Ethik, ihre Sprache und ihr Gebaren werden so zum Zeitgeist.

Dummheit ist – Gott sei's gelobt – keine Krankheit, sonst könnte keine Krankenkasse überleben. Dummheit zu pflegen und zu verbreiten sollte aber ein Tatbestand im Strafgesetzbuch werden.

Die Sendungen jedenfalls haben keinen förderlichen oder problemlösenden Charakter.

Bringen die Sender Filme aus dem Alltag der Menschen mit Problemen, aber auch deren Lösung, so werden sie von der Kritik in den Medien schnell abqualifiziert als »Seifenoper«.

Das Fernsehen ist heute »die Schule der Nation«, es vermittelt die Kultur, oder was man darunter versteht, und prägt unseren Alltag. Eine verantwortungsvolle Aufgabe, der man oft nicht gerecht wird.

Wenn »RTL« am 24. Dezember – Heilig Abend – um 20.15 Uhr und um 22.20 Uhr Horrorfilme oder Thriller zeigt, ist das ein Verrat an unserer Kultur, an unserer 2000jährigen Tradition, es ist einfach »Subkultur«.

Der Fluch der grossen Zahl

Masse statt Klasse beherrscht unsere Tage. Der Politiker giert nach der grossen Zahl der Wähler, die Boulevard-Presse nach der Auflagenzahl und das Fernsehen nach immer höheren Einschaltquoten. Ein verhängnisvoller Wettlauf. Der Politiker greift zur Agitation, um die Massen zu gewinnen, Verunglimpfungen und Lügen sind keine Seltenheit. Hoffnungen werden geschürt und leichtfertig werden Versprechungen gemacht, die anschliessend nicht gehalten werden oder den Staatshaushalt ungeheuer belasten. So haben wir in 50 Jahren Wohlstand einen Sozialstaat aufgebaut, der alle und alles zu sprengen droht. Keiner hat bedacht, wie schwer es ist, einmal Zugestandenes wieder zurückzuführen. Eine Situation, die im internationalen Vergleich eine katastrophale Rolle spielt. Die gesamte politische Arbeit wird diesem Diktat der grossen Zahl unterworfen, bis hin zur Gesetzgebung. Nicht die Frage nach der richtigen, sinnvollen Lösung wird gestellt, sondern: Wo wird der grössere Block an Wählern erreicht? Es gibt mehr Mieter als Vermieter und mehr Arbeitnehmer als Arbeitgeber, Prämissen, die sich in der Gesetzgebung niederschlagen. Um die Frauen zu gewinnen, hat man das Scheidungsrecht so verändert, dass auf die Männer unzumutbare Belastungen zukommen und sie gezwungen sind, als Aussteiger im Ausland das Überleben zu suchen, oder sie bereichern als Dauerarbeitslose die Arbeitsmarktdaten. Dass ein

Drittel unserer Haushalte Single-Haushalte sind, ist u. a. darauf zurückzuführen. Ein besonderer Beitrag zur »Familienpolitik«

Bei den Vermietern hat es dazu geführt, dass sie ihre Häuser verkauft haben, mit dem Erfolg, dass die Immobilienhaie zugriffen und mit oft brutalen Massnahmen daraus Eigentumswohnungen gemacht haben.

Ein Recht, das sich nach der Zahl der betroffenen wahlberechtigten Bürger richtet, ist ein fragwürdiges Recht.

Einen verheerenden Einfluss hat die »grosse« Zahl im Bereich der Print-Medien. In der Boulevard-Presse herrscht die Jagd nach der Sensation. Der Fall der Prinzessin Diana und die Jagd der Paparazzis nach dem Sensationsfoto ist ein abschreckendes Beispiel. Nachrichten ohne eingehende Recherchen sind an der Tagesordnung. Meldungen werden irritierend aufgebauscht. Hat eine 13-Jährige Zwillinge bekommen und ein unbedarfter Leser in Südamerika liest es, so muss er davon ausgehen, dass alle 13-jährigen in Deutschland Zwillinge bekommen. Ein sehr fragwürdiger Journalismus. Es geht nicht um die Richtigkeit, sondern nur um die damit zu erreichende Auflage. Die Sucht nach der grossen Zahl macht auch ausgebuffte Redaktionen so blind, dass gefälschte Tagebücher Hitlers über die Druckmaschinen laufen.

In einem anderen Fach sucht man die grosse Zahl, bei den Studierenden. Das Abitur wird so einfach wie möglich gemacht. Masse geht auch hier vor Klasse. Intelligenz ist nicht addierbar.

Am fürchterlichsten ist der Run auf die Einschaltquote im Fernsehen mit seinen verheerenden Folgen.

Der schlanke Staat

Seit Jahren wird immer wieder von diversen Politikern der »schlanke Staat« gefordert.

Selbst Politiker aus der ehemaligen DDR, die heute in bundesdeutschen Diensten stehen, sprechen von einem »Totregulieren« durch die staatlichen Kompetenzen. Anträge, Vorschriften, Kontrollen und Genehmigungen ohne Ende.

Während noch in der Bundesrepublik der Bauantrag bearbeitet wird, ist man jenseits der Grenze bereits mit dem Erdaushub beschäftigt, und wenn hier endlich die Baugenehmigung erteilt wird, wird einige Kilometer weiter in Frankreich bereits produziert. Auch ein Faktor im weltweiten Wettbewerb. Diverse Standort – Entscheidungen, speziell im Bereich Chemie und Biologie, sind so zu unseren ungunsten entschieden worden.

Die administrativen Hürden beschränken sich leider nicht nur auf den Bausektor, in allen Verwaltungen gibt es die Überfrachtung mit Gesetzen, Verordnungen und Vorschriften. So ist die Vereinfachung des Steuerrechts oft gefordert und immer wieder angemahnt worden, nur passiert ist nichts. Unsere überbordende Bürokratie ist ein beachtliches Hindernis im internationalen Wettbewerb.

Eine überzogene Bürokratie verlangt einen grossen Stamm von Bürokraten. Zu jeder Verordnung, zu jedem Gesetz gehört ein Apparat der Exekutive, der die Einhaltung überwacht. Hier wird ein Heer von Beamten und Angestellten des öffentlichen Dienstes beschäftigt, deren Effektivität oft in Zweifel zu ziehen ist. Ein Beispiel aus eigener Erfahrung: Vor Jahren gab es eine »Lichtsteuer« für Hochfrequenzneonanlagen. Diente die Anlage Werbezwecken, d. h. Leuchtschriften und dergleichen, wurde eine Abgabe von DM 7,– pro Meter Rohr berechnet. Hatte die Anlage eine reine Beleuchtungsfunktion, so betrug die Forderung 7 % des Anschaffungswertes. Das zur Debatte und Prüfung anstehende Neonrohr war 1,10 m lang und beleuchtete ein Werbeobjekt. Wo war es letztlich einzuordnen? Eine höchstproblematische Angelegenheit. Bei einem Rechnungsbetrag von DM 100,–, war zu entscheiden, ob die Steuer DM 7,– oder DM 7,50 ausmachte. Auf Befragen berichtete der Zollbeamte, dass er an diesem Tage drei Prüfungen zu absolvieren hatte. Die erste lag in Blankenese, die zweite in Lockstedt und die dritte in Wandsbek. Wer den Hamburger Stadtplan in etwa kennt, weiss, das ist ein Tageseinsatz. Dies ist nur ein Beispiel, der Bund der Steuerzahler kann ganze Bücher mit solchen Schildbürgergeschichten füllen.

Der Finanzminister will den Haushalt der Bundesrepublik sanieren, er braucht Geld. Neue Steuern, so die Ökosteuer, müssen her, das »Tafelsilber« der Regierung wird an die Börse gebracht, nur das Sparen im eigenen Hause wird vergessen. Die Etats von Bund, Länder und Kommunen sind zum grossen Teil mit über 50 % Personalkosten belastet, ein auf Dauer unmöglicher Zustand. Hier aktiv werden heisst, ein milliardenschweres Sparpaket öffnen! Leider ist eine

Änderung in weiter Sicht. Solange im Bundestag zwei Drittel der Abgeordneten Beamte sind, wird man die eigenen Pfründe so lange verteidigen, wie es nur geht – »zum Wohle des deutschen Volkes«!

Aber an einer überbordenden Bürokratie sind schon ganze Staaten zugrunde gegangen!

Die neuen Bürger

Wenn die reiselustigen Deutschen im Ausland fremden Kulturen begegnen, sind sie begeistert. Begegnen ihnen diese Kulturen im eigenen Land, so sind sie erschreckt. Der Deutsche ist von seiner Mentalität her kein Kosmopolit. Es gibt keine Ansätze in seiner Geschichte, die ihn in dieser Hinsicht geprägt hätten. Es gab nie eine deutschsprachige Zone, die über Zentraleuropa hinausgereicht hätte, und es gab nie den Ansatz zu einer Weltmacht. Den Deutschen aber Fremdenfeindlichkeit zu attestieren, ist ebenso falsch. Es gab immer Einwanderer, die aufgenommen wurden und sich integrierten.

Das so verachtete Preussen war in seiner Toleranz vorbildlich. Unter dem grossen Kurfürsten fanden die verfolgten Hugenotten grosszügige Aufnahme, unter Friedrich dem Grossen waren es die Salzburger Protestanten. Sie befruchteten nachhaltig das kulturelle und wirtschaftliche Leben. Mit dem Aufstreben von Kohle und Stahl fanden viele Polen im Ruhrgebiet eine neue Heimat. Einstige Fussballgrössen, wie Szepan und Kuzorra bei Schalke 04 legen dafür Zeugnis ab. Deutschland ist seit je ein Einwanderungsland.

Kritisch wird es, wenn die Gruppe der Neubürger innerhalb einer Stadt eine eigene Gemeinde wird, wenn die mitgebrachte Kultur die angestammte ins zweite Glied zurückdrängt. Berlin-Neukölln ist heute der Mittelpunkt der zweitgrössten türkischen Stadt der Welt. Wenn die Deutschen so fremdenfeindlich wären, wie von manchem behauptet, müsste in Berlin ein kriegsähnlicher Zustand herrschen.

Seitdem die deutschen Frauen es vorziehen, sich selbst zu verwirklichen und Kinder dabei nur im Wege sind, ist die Zuwanderung ein Muss, um den Altersaufbau in der Bevölkerungsstatistik einigermassen im Gleichgewicht zu halten.

Die Probleme mit den sogenannten Rechtsradikalen, die uns derzeit beschäftigen, hat andere, vorwiegend psychologische Gründe:

Viele Jugendliche vermissen eine Identität, die ihre Zugehörigkeit zu einer Gemeinschaft ausdrückt. Speziell die heute 20 bis 25-Jährigen aus der früheren DDR vermissen die Vaterrolle des Staates, die sie noch als junge Pioniere erlebt haben.

Nicht erzogen zum selbständigen Handeln und Denken, werden sie mit der neuen Freiheit nicht fertig. Ohne Wissen, was in der Politik rechts und links ist, folgen sie neuen Verführern und fühlen sich stark und geborgen.

.Jugendliche sind schon immer daran interessiert, etwas anzustellen, das ausserhalb des ach so geregelten Lebens steht. Das kann der durch Seifenpulver schäumende Rathausbrunnen sein oder die Graffito-Schmierereien an der Schulmauer oder anderes. Wichtig ist, dass es Aufsehen erregt und am nächsten Tag in der Zeitung nachzulesen ist. Wie phantastisch ist da die Situation, wenn die Presse über ein schnell hingekritzeltes Hakenkreuz per Schlagzeile berichtet. So etwas fordert sofort zur Nachahmung auf. Eine zurückhaltende Berichterstattung bei Bagatellen oder sogar ein Negieren des Vorgangs enttäuschen und lassen das Interesse schnell erlahmen.

Handelt es sich um Gewalttaten, so ist der Staat mit aller Härte gefordert, muss schnell und abschreckend reagieren. Zu differenzieren ist hier die Frage nach politischen Motiven oder einfach der Lust auf Randale. Dem Hooligan ist es oftmals egal, ob er sich nach einem Fussballspiel prügelt oder mit dem Nigerianer aus der nächsten Strasse auseinandersetzt, Hauptsache er hat seinen »Spass«. Ein Problem der Erziehung.

Handelt es sich gezielt um Anschläge auf jüdische Einrichtungen, so stellt sich die Frage, was die Jugendlichen antreibt. Sie selbst haben zumeist keine Berührung mit jüdischen Mitbürgern oder Einrichtungen. Wirken sich hier die permanenten Vorwürfe, die ewige moralische Keule aus? Die Jugendlichen hatten mit all den Untaten der Vergangenheit nichts zu tun und wollen nicht dauernd als Angeklagte dastehen. Eine Reaktion auf die einseitige Informationspolitik. Die Vorgänge im heutigen Israel hinterlassen bei vielen Jugendlichen Zweifel an der moralischen Kompetenz jüdischer Würdenträger.

Die Politik sollte den Jugendlichen, und nicht nur ihnen, rechts von der Mitte etwas Raum lassen, damit sie auch eine politische Heimat haben. Doch leider ist heute 2 mm rechts von der Mitte schon »rechtsradikal«. Nicht alle wollen in einer Multi-Kulti-Gesellschaft aufgehen. Ein Europa von morgen wird von der Vielschichtigkeit seiner Kulturen geprägt sein. Ein völkischer Eintopf, wie es manchem vorschwebt, wäre eine Kulturrevolution mit ernüchterndem Ausgang.

Morgen

So, wie wir national für Irrungen und Wirrungen, für leichtfertigen Umgang mit unserer Vergangenheit bezahlen, so wird international – speziell den USA – eine Rechnung für zurückliegende Fehler präsentiert. Nie hat sich die »reiche« Welt für die Armut der anderen intensiv interessiert. Die Zahlungen der Entwicklungshilfe waren nicht mehr als der Ablass für das Gewissen, und fehlgeleitet wurden sie auch noch

Mit welcher Arroganz die westliche Welt die weniger entwickelten Staaten sieht und behandelt, drückt sich schon in der von vielen Gazetten genutzten sprachlichen Differenzierung aus: hier die »zivilisierte Welt« dort die »Unterentwickelten«. Hochtrabende Arroganz plus Demütigungen, plus Not in Verbindung mit Hunger führen zu Minderwertigkeitskomplexen und münden in Hass. Undenkbare Reaktionen, wie die vom 11. September, sind das Ergebnis.

Die Welt ist klein geworden. Nicht mehr der einzelne Staat, nicht einmal ein Kontinent bestimmt den Weg der Geschichte, alles ist global zu sehen.

Als Polizisten in der globalen Welt fühlen sich die Amerikaner. Nach Korea und Vietnam war es Afghanistan. Dasselbe Afghanistan, das sie unterstützten, solange es gegen die Russen ging, und in dem Moment fallen liessen, als die Russen abzogen.

Es erinnert sehr an den Mohren, der seine Schuldigkeit getan hat. Was soll man auch mit diesem Land machen, es hat kein Öl und kein Erdgas, und als Handelspartner ist es zu rückständig. Jetzt ist die Rechnung da, die heisst Krieg!

Solange die Amerikaner in der Meinung verharren, dass der »American way of life« die einzige, alle selig machende Lebensart ist, solange werden sie Probleme haben. Es gibt nun einmal Staaten und Völker, für die der Wert »Geld« nicht das Mass aller Dinge ist!

Jetzt herrscht Krieg, auch wenn Afghanistan beendet ist, die Auseinandersetzung geht weiter. Wo und mit welchen Mitteln, bleibt abzuwarten. Es war immer so, dass die kriegführenden Parteien ihre Strategie und Taktik nach den ihnen zur Verfügung stehenden Mitteln ausgeführt haben. Dass man Steine werfend nichts gegen Panzer und Raketen ausrichten kann, haben auch diese Völker inzwischen gelernt.

Wichtig ist jetzt, dass aus dem Kampf gegen die Taliban kein Kampf der Kulturen wird. Dazu müssen die sozialen Strukturen verbessert und das Bildungssystem reformiert werden. Erst mit wachsender Bildung wird sich der Einfluss der Mullahs und Imams minimieren. Es ist 400 Jahre her, dass die Säkularisierung Europa von der kirchlichen Herrschaft befreite, und es sind 300 Jahre seit der Zeit der Aufklärung vergangen, ein immenser Vorsprung der christlichen Welt. Mit grossen Anstrengungen muss geholfen werden, mit Achtung vor den Kulturen, dass die islamische Welt aufholen kann, was sie bisher versäumt hat.

Die Probleme, die sich heute im nahen und mittleren Osten ergeben, können morgen in Mittelamerika und übermorgen in Afrika auftreten. Schon Willi Brandt hat auf das Gefälle zwischen den armen und reichen Ländern hingewiesen und auf die Notwendigkeit der Nivellierung bestanden.

Der Graben zwischen armen und reichen Bürgern und Regionen wird uns beschäftigen. Es ist im Grossen wie im Kleinen. Im Mittelpunkt steht der Mensch mit all seinen Schwächen. Da gibt es im Daseinskampf den Erfolgreichen, aber auch den Zurückgebliebenen oder Zurückgefallenen. Der Arme wird von Neid erfasst, seine Hilflosigkeit mündet in Minderwertigkeitskomplexen, und aus denen entwickelt sich der Hass. Der Reiche wird überheblich, arrogant und vertieft so den Graben.

Verantwortung ist gefragt, ein Vorgang, der den Amerikanern mit ihrem – nach Altbundeskanzler Schmidt – »Raubtierkapitalismus« besonders schwer fällt. Wir, die Deutschen werden uns schwer tun mit einem Spagat zwischen einem ausgedehnten sozialen Netz und einer marktwirtschaftlich organisierten, global denkenden Welt. Wir müssen uns bewusst machen, dass die Welt ein brodelnder Kessel ist, in dem der Ausgleich zwischen arm und reich für beide Seiten von existentieller Bedeutung ist und über Krieg oder Frieden entscheidet.

Die Werte unseres Lebens müssen eine neue Definition erfahren beziehungsweise die Grundwerte des Humanismus wiederbelebt werden. Der Zeitgeist muss die Solidargemeinschaft betonen, weg von der egozentrisch gefärbten

Individualgesellschaft, muss die soziale Verantwortung des einzelnen wie die unter Staaten herausstellen, muss deutlich machen, dass es neben Rechten auch Pflichten in der Gesellschaft der Menschen gibt. Ein Zeitgeist lässt sich nicht mittels Verfügung erreichen, er ist ein Erziehungprozess, der nicht früh genug einsetzen kann. Die Reichen (Länder, Firmen und Personen) müssen einsehen, dass sie abzugeben haben für Ausgleich und Gerechtigkeit. Bei teuren Produkten besteht meist ein Missverhältnis zwischen dem billig eingekauften Rohstoff und der aufwendig berechneten Verarbeitung. Die einen vegetieren, die anderen prassen. Der Friede in der Welt ist eine Frage des sozialen Ausgleichs.

Zwei Faktoren werden die Zukunft entscheiden:

1. Gelingt es, die soziale Frage zwischen arm und reich, im kleinen wie im grossen zu lösen? Eine soziale Solidarität zwischen der Überflussgesellschaft und der darbenden dritten Welt muss aufgebaut werden.

2. Die Politik muss Voraussetzungen schaffen für ein internationales Recht. Es muss ausgeschlossen werden, dass das Recht weiterhin von der Macht korrumpiert wird. Gedemütigte Völker werden immer ein Ausgangspunkt für Unfrieden in der Welt sein.

Wenn man vor diesem Hintergrund unsere oberflächliche »Spassgesellschaft« betrachtet, so ist das ein Tanz auf dem Vulkan, vergleichbar mit der Endstufe vieler Hochkulturen in der Vergangenheit. Wir müssen viel tun und alles auf den

Prüfstand stellen. Die Demokratie darf kein »Selbstbedienungsladen« werden, sie verlangt von jedem ein persönliches Engagement.